不说硬话 不做软事

高手成事的智慧

连山　编著

文化发展出版社
Cultural Development Press
·北京·

图书在版编目（CIP）数据

不说硬话，不做软事 / 连山编著 . — 北京 ： 文化发展出版社， 2024. 11. — ISBN 978-7-5142-4465-6

Ⅰ . C912.11-49

中国国家版本馆 CIP 数据核字第 2024N8P017 号

不说硬话，不做软事

编　　著：连　山

出 版 人：宋　娜　　　　特约编辑：胡宝林
责任编辑：肖润征　　　　责任校对：岳智勇　马　瑶
责任印制：杨　骏　　　　封面设计：创巢视觉
出版发行：文化发展出版社（北京市翠微路 2 号 邮编：100036）
发行电话：010-88275993　010-88275711
网　　址：www.wenhuafazhan.com
经　　销：全国新华书店
印　　刷：德富泰（唐山）印务有限公司

开　　本：720mm × 1000mm　1/16
字　　数：163 千字
印　　张：13
版　　次：2024 年 11 月第 1 版
印　　次：2024 年 11 月第 1 次印刷

定　　价：68.00 元
I S B N ：978-7-5142-4465-6

前言

Preface

人生在世，到什么时候，都不要说过头的硬话。有的人喜欢说硬话，好像这样做显得自己很强硬，其实这是内心软弱的表现。一个真正强大的人，他根本不需要说过头话来虚张声势。想显示自己强大的人，其实就是不强大。说话要和颜悦色，要留后路，不要把话说太绝对。处理矛盾纠纷时，不要盛气凌人，不要得理不饶人；就事论事，不要人身攻击，不说伤害人的话。硬话可以软说，拒绝别人也要给对方一个台阶下，留有回旋的余地，不能一句话噎死一个人。“不说硬话”意味着在人际交往中，我们要言辞谨慎，不轻易发表强硬的言论。有时候，人们为了强调自己的观点或是为了维护自己的面子，会说出一些过于绝对或强硬的话。这些话或许能暂时让人觉得振奋，但长远来看，却可能带来不必要的矛盾和冲突。真正的智者知道，言辞的力量是巨大的，一句伤人的话可能会造成难以弥补的伤害。因此，他们选择用更为温和、理性的方式表达自己的观点，避免无谓的争执和冲突。

人活着就算不惹事，也难免会遇到各种各样的事，有事就不要怕事，怕也没用，一直忍让，不会让人感恩戴德，反而会助长别人的错误行为。在好人面前，善良和谦让，是沟通友谊的坐标和桥梁；在坏人眼里，俯首和低眉，就成了迁就和纵容，他会顺着你的怯懦爬到你的头顶，居高临下、颐指气使。你真诚的一笑，他背后捅你一刀；你真心的随和却被当作一只任意揉捏的软柿子。对恶人越是畏惧，越会受到更多的伤害。给坏人让路，就是给自己添堵。人的一生总会遇到这样或那样的事情，有好事也有坏事。不管如何，只要能够做到没事不惹事，有事不怕事，那么就算出现任何事情，也难不倒我们。“不做软事”告诫我们在处理事务时要有分寸，不过分妥协，不以弱为荣。在人际关系和事务处理中，适度的坚持和有限的妥协都有其必要性。我们要在追求目标的过程中，保持一份自尊和自信，不被外界压力和环境所左右。

不说硬话，不做软事，蕴含了一种平衡的智慧。人生是多维度的，充满了各种矛盾和变化。有时我们需要坚守原则，不为一时的利益放弃底线；有时我们也需要妥协，追求和谐与共赢。在“不说硬话，不做软事”中，我们可以看到一种融合的智慧，通过灵活地运用不同的策略来实现自己的目标，同时保持内心的坚守和自信。“不说硬话，不做软事”不仅是一种古老的处世智慧，更是一种生活态度。在现代社会，我们依然可以用它来引导我们的行为和决策，让我们的人生更加平和且有尊严。

目录

Contents

第一章 口会择言，成事不难

第二章 说话把握分寸，做事天衣无缝

第四章

委婉的语气说“不”，坚定的态度拒绝

第五章

说话不惹事，有事不怕事

第六章

说话和气是修为，做事硬气是段位

第七章
处变不惊，妙语应对他人不善

第八章
逆势谈判，捍卫核心诉求不妥协

第一章

口会择言，成事不难

示弱的话或许能赢得别人的同情

弱者更能引起别人的同情，同样地，说一些示弱的话更容易打动人心。

示弱的话往往能够引起他人的同情，从而打动人心。在日常生活中，巧用悲切的、示弱的语言，与对方拉近距离，使对方产生“同命人”之感，从而唤起对方的同情，也不失为说服人的一个好方法。

说示弱的话，是有技巧的，你不妨试试下面的方法。

1. 把不幸形象化、具体化

把不幸形象化、具体化是指避免直接、抽象地陈述不幸者所承受的痛苦，而将这些痛苦形象化，使之成为人们可感可触的东西。

因为抽象的表述再翔实也无法充分调动人们复杂丰富的感受，只有当这些不幸和痛苦凸显化、立体化，成为可感可触的东西时，人们才会产生联想，才会有真切的体验，内心的同情与感动才会被激发出来。

一个寒冷的冬天，纽约一条繁华的大街上，有一个双目失明的乞丐。乞丐的脖子上挂着一块牌子，上面写着：“自幼失明。”

有一天，一个诗人走近他身旁，他向诗人乞讨。诗人说：“我也很穷，不过我给你点别的吧。”说完，他便随手在那乞丐的牌子上写了一句话。

那一天，乞丐得到很多人的同情和施舍。后来，他又碰到那位诗人，很奇怪地问：“你给我写了什么呢？”

诗人笑笑，念着牌子上他写的句子：“春天就要来了，可我不能见到它。”

为什么“自幼失明”四个字换成了“春天就要来了，可我不能见到它”

乞丐就得到更多的同情和施舍了呢？这正是因为后者比前者更具体、更形象，不但暗含了“失明”这一不幸事实，而且表达了乞丐渴望像街上行人一样亲眼看到春天的心理感受。人们看到这句发自内心的独白，自然会联想到自己的幸运，从而对乞丐的不幸给予深深的同情。

2. 强调信任与背叛的反差

这种说法是指细致描述不幸者对背叛者毫无保留的信任和关爱，突显背叛者可恨可耻，激发人们对不幸者的同情。

每个人恐怕都有被自己信任的人出卖的挫折体验，这种体验不仅让我们对背叛者深感痛恨，而且内心会产生说不出的委屈与酸楚，我们对背叛者付出的信任和关爱越多，这种委屈与酸楚就会越强烈。针对这一心理，我们可以强调背叛者的背叛不仅给爱他的人带来了利益上的损失、肉体上的伤害，更重要的是给其带来了巨大的心灵痛苦。相似的体验会激起人们强烈的心灵共鸣，使他们无法不动情。

恺撒遇刺后，在安葬恺撒时，他的旧部安东尼发表了极为动人的演讲。在演讲的高潮部分，安东尼走下讲台，站在恺撒尸体旁，对着听众们说：“你们要有眼泪，现在就尽情地掉吧。恺撒穿的这件大袍，是你们大家熟悉的。我还记得，恺撒第一次穿上这件大袍的时候，是在一个夏天的晚上，那天正是征服爱威领地的光辉日子。现在你们看：卡西乌斯的刀子是从这里刺进去的；加斯加在这里捅了一刀；这个地方，正是恺撒最宠爱的布鲁图斯刺穿的。刀子抽出来时，恺撒鲜血淋漓，好像已跑出门来问：‘恺撒是那样爱布鲁图斯啊，难道布鲁图斯也忍心下此毒手吗？’啊！天知地知，恺撒是何等爱布鲁图斯，这一刀，是无情无义的一刀。恺撒看见他们都来杀他，‘无情’两字所造成的伤痛会比刀伤厉害得多。各位，请想一想，这是怎样一个大冤劫啊！照这样下去，你我不都是在劫难逃吗？你们怎么也哭起来了？我发现你们也是有天良的人啊，大家都在同洒伤心之泪，你们这些善良的人，才看见恺撒的一件衣服就如此悲痛，你们还没有看见他的尸体呢，他的尸体在这里，你们看，被这些大逆不道的叛徒弄成这个样子了！”

在这段演讲中，安东尼没有过多地强调背叛者的刀刃给恺撒带来的肉体痛楚，而是强调恺撒对仇敌们糊涂的信任与爱，强调这场背叛给恺撒带来的心灵痛苦。人们看到这样一位杰出的领导者竟因为对部下的宠信而遭到如此不幸的结局，这种“恩将仇报”的冷酷现实无法不令他们的内心掀起巨大的波澜。

贬低自己，让对方先从心理上松懈

通过贬低自己，让对方先从心理上松懈，在此基础上，想要再攻陷对方的心防就容易很多。

许多人都懂得高捧他人的方法，不过有人会认为那样的做法实在令人羞赧，而产生排斥的心理。大家都坐过跷跷板，如果一边贴地，跷跷板的另一边必定是荡在高空。而这个跷跷板“和”的原则，也可以适用于人际关系中。亦即适时地贬低自己，相对地捧高对方。使用这种方法，高捧他人，可以让他人的心理变得松懈。

进一步说，如果对他人采取轻视的态度，这对自己绝无半点好处。因为你刺伤他的自尊心，他则会对你产生敌意，从而影响你的人际关系。

例如，我们参加开幕式时，即使那是一家不怎么样的店铺，有时我们也要适当地说：“这店铺看起来不错，室内的装潢也很考究。不像我经营的那家，门没做好，窗户也是一大一小的。”这样将对方和自己作具体的比较，并技巧性地批评自己略逊对方一筹，对方将因被人高捧而产生优越感，心里更是舒服。

相反地，如果以轻视的口吻对主人说：“店铺的柜台再宽一点会比较好。你们下次整修时可要记住啊！”对方听到这样毫不客气的批评，一定会大感不悦，从此对你产生反感。

我们不妨利用“贬低自己”的诀窍，捧高对方，达到感情投资的目标，如此，成功便离你不远。

某一年年底，日本一家电视台为了要制作迎新晚会，邀请了一些具有知名度的演艺人员参加，艺人们齐聚一堂。当时摄影棚里准备了一桌美味的佳肴，还有装饰豪华的背景。虽是庆祝会，但演艺人员却因紧张而个个面色沉重，气氛严肃。

就在大伙儿面面相觑的时刻，脱口秀表演者橘家圆藏突然摆出一副天真的小孩模样，竟然吃起摆在桌上的菜肴，还津津有味地说：“真好吃。各位，我先用啦！”大家看到这样有趣的画面，每个人都把心情放松，严肃的气氛顿时消融。

橘家圆藏贬低自己，把自己当天真的小孩来改善所有人的心情，这需要相当的智慧。

一家酒店正在为员工们举办除岁宴会，并邀请员工眷属共同参与，员工们的先生、太太、孩子齐聚一堂。然而，在这种大众齐聚的场合里，平日谈笑风生的男女服务生却哑口无言，场面有点儿尬尴。这时一男性员工勇敢地站起来同大家打哈哈，企图软化僵硬的气氛，他笑嘻嘻地对着群众述说自己昔日的失恋经验，炒股票赔了不少金钱，以及在家中挨老婆责骂等故事。当众人听到这位男性员工亲身经历的失败后，整个会场的气氛便开始热闹起来了。

或许有人仍没有勇气这样做。没关系，对于比较害羞的人，还有一个高捧他人的技巧。例如，与其他人第一次见面时，在双方互相不了解的情况下，彼此心中可能都会提高警觉，谈话也总是不够起劲，因此对话尴尬又不自在。这时，不妨以自己的失败经验当话题。这样一来即使是不擅高捧他人的人，也能因此达到贬低自己高捧他人的效果。

炫耀自己仅会引起别人的反感，而谈及自己的失败经验，不但会增强对方的自尊心，更能打开对方的心扉，让对方坦然地接受你。所以，先贬低自己再与他人谈话，实在是一种高明的攻心说话术。

当让则让：得势饶人会说顺情话

得饶人处且饶人，待人宽厚一点，不把事做绝，得势时说一些顺情话，日后你有什么差错，别人也不会做得太过分，逼你走向绝境。

俗话说“理直气壮”，“有理走遍天下”。但这并不是说有理就一定要不依不饶，不给别人留退路。在得理的情况下退让一步，对方一定会称道你的宽宏大量，对你心怀感激。

汉朝时有一位叫刘宽的人，为人宽厚仁慈。他在南阳当太守时，小吏、老百姓做错了事，他只是让差役用蒲鞭责打，表示羞辱，此举深得人心。

刘宽的夫人为了试探他是否像人们所说的那样仁厚，便让婢女在他和下属集体办公的时候捧出肉汤，装作不小心的样子把肉汤泼在他的官服上。要是一般的人，必定会把婢女责打一顿，即使不如此，至少也要怒斥一番。而刘宽不仅没有发脾气，反而问婢女：“肉羹有没有烫着你的手？”由此可见，刘宽的度量确实超乎一般人。

还有一次，有人曾经错认了他驾车的牛，硬说刘宽驾车的牛是他的。这种事要是换了别人，不将那人拿到官府去治罪，也要狠揍他一顿。可刘宽什么也没说，叫车夫把牛解下给那人，自己步行回家。

后来，那人找到了自己的牛，便把那头牛还给刘宽，并向他赔礼道歉，而刘宽非但没责备那人，反而好言安慰了他一番。

这就是有理让三分、得理而饶人的做法。刘宽用其度量感化了人心，也赢得了人心。

在重大的或重要的是非问题面前，我们自然应当不失原则地坚守真理。但在日常生活中，若为一些非原则问题、鸡毛蒜皮的问题争得不亦乐乎，以至于非得决一雌雄才算罢休，就未免有些小题大做，得不偿失了。

例如，当一个人犯错后受到你的责骂时，心里可能不断嘀咕："这么小的过错，犯不着啰唆个不停嘛！"

在此种情况下，如果有"理"的你表现得大度，就能显示出你的修养，反而更能让他人钦佩，更易征服人心。下面介绍三条适时退让的方法：

1. 要冷静地思考

当人们遇到对抗或者是攻击时，会不自觉地为自己找理由辩护，这就是争论的开端了。因此，应该先冷静地听完对方所有的观点，客观地分析和思考，说不定就真的能从中获得极大的益处。

2. 各退让一步

日常生活中，常有一些人固执己见，容易为一些小事同别人争论，而且火药味浓烈。这时候，得理的一方应当有饶人的雅量，可以一面解释一面折中调和，最好使用不带刺激性的言语，以避免冲突的扩大。

有一位年轻人上一位同事家吃饭，这位同事是一个从事公路建设的老技术员。进餐时两人聊起了一条高速公路的修建问题。

年轻人说：公路的进度一再推迟，是有关方面的一个严重错误；而老技术员则不同意，认为公路本来就不该兴建。

两人你一言我一语，争论渐趋激烈。

后来，那位老技术员把问题扯到"年轻人自私心重，没有环保意识"上面，显然是在批评那位年轻人。年轻人怕再争论下去会伤和气，使开始缓和下来，他婉转地说："可能我们的看法永远也不会相同，可是，那没有什么，也许我们都是对的，也许我们都是错的。”

年轻人的一席话，不仅给自己搭了台阶，也给争论双方打了圆场，避免了冲突的扩大。

3. 耐心解释

不少时候，人和人之间的相互发火是因为互不了解、缺少沟通造成的。这时候得理的一方切不可以怒制怒，最好的方式是多加解释，想办法沟通、道歉、劝慰，与对方达成共识。

宽厚和善是一种修养、一种气度、一种品德，更是一种艺术。如果我们具备了这种宽厚和善的心态，给人给己留条出路，那么我们与别人的关系就会变得更加和谐。

藏锋露拙，“示弱”是极高的智慧

在人际交往中，“示弱”是极高的智慧。所谓枪打出头鸟，锋芒毕露必然招来他人的不悦。要与人和谐相处，讨人喜欢，必须学会示弱。

美国心理学家做过这样的调查，一名彪形大汉在拥堵的马路上横穿而过，愿意给他让路的车辆不到50%，而一个老弱病残人士过马路，大家争着相让，同时大家都觉得自己做了一件好事。

对于人类来说，面对压力不低头的是有个性的人，而适当地选择示弱、认输、放弃的人则是聪明的人。

生活中向人示弱，可以小忍而不乱大谋；工作中向人示弱，可以收敛棱角并蓄势待发。强者示弱，可以展示你的博大胸襟；弱者示弱，可以积累能力渐渐变得强大。

美国第九任总统威廉·亨利·哈里森原出生在一个小镇上，他小时候是个文静怕羞的孩子，人们常喜欢捉弄他。他们经常把一枚5分硬币和一枚1角的硬币扔在他的面前，让他任意捡一个，威廉总是捡那个5分的，于是大家都嘲笑他。有一天一位好心人问他："难道你不知道1角比5分钱值钱吗？"

"当然知道，"威廉慢条斯理地说，"不过，如果我捡了那个1角的，恐怕他们就再没有兴趣扔钱给我了。"

与陌生人相处，适当示弱是一种真诚的体现。但大多数时候，我们都习惯于在别人面前展示自己坚强美好的一面，总想掩饰自己脆弱的一面。可是，社会心理学家指出，适当地在别人面前表现你比较脆弱的一面，更容易拉近彼此间的心理距离。

向对手示弱，是一种策略。示弱只为迷惑对手，使其麻痹，然后选择时机出奇制胜。

在上级或长辈面前示弱，是一种生存本领。初入社会的年轻人多不懂此理，一开始便以恃才傲物的姿态面对生活，阻断了别人向自己传授经验的机会，给自己以后的发展留下了隐患。

当然，示弱并非奴颜婢膝地献媚，这样做只会自取其辱。恰当地示弱，是为了避其锋芒，养精蓄锐，蓄势待发。这与"韬光养晦"的道理是一致的。

表现得强势，必然会让人产生距离感，给人不好相处的印象。要与人拉近距离，打好关系，就要收起棱角，学会示弱。向人示威，人人都会；向人示弱却并非人人能做到，因为示弱既需要勇气也是一种智慧。

人心都是肉长的，在攀缠之中添加些眼泪，可以有效地软化对方。

"泪眼战术"是"示弱"的一种表现形式，它不仅是女人的专利，纵观历史，男人们也善用此道。

与刘璋涪城相会时，刘备"挥泪诉告衷肠"。这次哭，使得川中军民，皆以为刘备是仁慈之主。这也是刘备日后进攻西川时，川中将士，多有弃甲倒戈者，百姓夹道欢迎的主要原因。

苦情戏用得好，或许能达到事半功倍的效果，不能不说刘备是善用眼泪的能手。而女人的眼泪就更容易打动人心了。聪明的女人懂得善用温柔的眼泪为自己办事。

口不择言闯大祸

几乎人人都知道这样一句话：“口不择言闯大祸。”没错，与别人谈话时，必须讲究方圆曲直，该说的说，不该说的就不要出口，否则口无遮拦，很容易让自己陷入危险境地。

纪晓岚中进士后，当了侍读学士，陪伴乾隆皇帝读书。

一天，纪晓岚起得很早，从长安门进宫，等了很久，还不见皇上到来，他就对同来侍读的人开玩笑说：“老头儿怎么还不来？”

话音刚落，只见乾隆已到了跟前。因为他今天没有带随从人员，又是穿着便服，所以没有引起大家的注意。皇上听见了纪晓岚的话，很不高兴，就大声质问：“‘老头儿’三字作何解释？”

旁边的人见此情景都吓了一身冷汗。纪晓岚也吃了一惊，说这话本无其他恶意，但却被皇上听到了，且还当着众臣的面。纪晓岚突然灵机一动，战战兢兢地说：“万寿无疆叫作‘老’，顶天立地叫作‘头’，父天母地叫作‘儿’。”

乾隆听了这个恭维自己的解释，才转怒为喜，不再追究了。纪晓岚这才把提到嗓子眼儿的心收了下来。

虽然这只是个民间传说，我们不需要去考证它的真实性。但它给我们带来一个启发：即使你是铁嘴银牙，说话也不可口无遮拦。

在与他人言谈的过程中，我们要恰当地回避他人忌讳的东西，这样才能使彼此交流融洽。就拿最常见的朋友聚会来说，大家不免要开开玩笑，使气氛更加欢愉，这是一种乐趣。然而，如果你把不该说的话说了，如揭了朋友的伤疤等，就很容易使气氛骤变，尤其是有朋友携好友或恋人都在场的时候，情况可能会更糟。

小张长得高大魁梧，在大学校园内有“恋爱专家”的雅号。如今他是一家外资公司的高级职员。英俊的长相和丰厚的薪水使他在众多的女友中选上了貌若天仙的小丽。也许是为了炫耀自己的能耐，小张带着小丽去参加朋友聚会。

就在大家天南海北闲谈的时候，同学老王无意转了话题，谈起了大学校园罗曼蒂克的爱情故事，故事的主人公自然是“恋爱专家”小张。老王眉飞色舞地讲述小张如何引得众多女生趋之若鹜，又如何在花前月下与女生卿卿我我。小丽先还觉得新奇，但越听越不是味，终于拂袖而去。小张只好撇下朋友去追小丽。

故事中，老王并不是有意透露小张的隐私，而他口无遮拦地追忆往事确实是使小丽耳不忍闻，无端制造出了乱子。这不仅使小张要费不少周折去挽回即将失去的爱情，而且使在场的人心里也不愉快。

可见，无论在什么场合，什么情况下都要把握说话分寸，尽量做到该说的说，不该说的就不说，这样才能创造一个和谐的氛围。

宁可犯口误，不可犯口忌

现实生活中，言谈交际往往是一场没有硝烟的战争。谁掌握了语言的运用要领，谁就把握了战争中武器的运用要领。无数实践证明，语言策略中，宁可犯口误，也不可犯口忌。

康熙皇帝在年轻时励精图治，创下不少功业。但到了晚年，由于年纪渐长，于是产生了一个怪脾气——忌讳人家说老。如果有谁说老，他轻则不高兴，重则给对方治罪。所以，左右的臣子们都知道他这个心理，一般情况下都尽量回避说老。

有一次，见天气风和日丽，康熙便率领一群皇妃在后花园的湖中垂钓，不一会儿，钓竿一动，他连忙举起钓竿，只见钩上钓着一只老鳖，心中好不喜欢。谁知刚刚拉出水面，只听“扑通”一声，鳖却脱钩掉到水里又跑掉了。康熙长吁短叹连叫可惜，在康熙身旁陪同的皇后见状连忙安慰说：“看样子这是只老鳖，老得没牙了，所以衔不住钩子了。”

皇后话音还未落地，旁边一个年轻的妃子却忍不住大笑起来，而且一边笑一边不住地用眼睛看着康熙。康熙见了不由得龙颜大怒，他认为皇后是言者无心，而那妃子则是笑者有意，是含沙射影，笑他没有牙齿，老而无用了。于是将那妃子打入冷宫，终身不得复出。

年轻的妃子因为笑一笑而被打入冷宫，除了她自身的修为不够之外，很大一部分原因在于她不懂得言语运用的禁忌，触犯了皇帝的大忌。康熙由于上了年纪，体力和精力都有所下降，但又不肯承认这个现实，而且也希望他人在客观上否认这个现实，故而一旦有人涉及这个话题，他心理上就承受不了。虽然表面看来，是皇后说出那句话，是皇后触犯了大忌，但由于皇后与妃子同康熙的感情距离不同。皇后说的话，仔细推敲一下，有显义和隐义两种意义，显义是字面上的意义，因为康熙与皇后的感情距离较近，他产生的是积极联想，所以他只是从字面上去理解，知道皇后是一片好心的安慰，即便是有错，也不过是口误。妃子虽然没有说话，只是笑了一笑，但她是在皇后的基础上故意引申，是把那只逃掉了的老鳖比作皇上，是对皇上的鄙视，因而是大不敬。所以，同样的问题，同样的环境，由于不同的人物的不同理解便引出不同的结果来。正所谓“说者无心，听者有意”。

美国的保罗·魏里希提出了一种语言博弈中的策略型均衡，指在两种都会带来损失的策略中选择损失较小的那个，以达到一个相对的均衡。具体到上面这个故事，在犯错和犯忌这两个非优策略中，选择犯错而非犯忌显然可以达到一个策略型均衡。一般来说，人不怕犯错，最怕犯忌。犯错，可以说是“各人造业各人担”，是一种疏失，可以避免；犯忌则是自己招惹是非，无法补救。深谙策略型均衡智慧的人都明白，宁可犯错也不要犯忌。

人常说：“不打勤的不打懒的，专打不长眼的。”人生在世有很多忌讳，如果你在无意之中触犯了别人的忌讳，就会在无形之中得罪对方。所以在工作和生活中，与他人进行言语上的博弈时，一定要眼观六路、耳听八方，千万不要触犯了别人的忌讳。

这壶不开提那壶

虽然说“金无足赤，人无完人。”但与人打交道的时候，无论是他人提到你的短处，还是你去提及他人的短处，即使是那些显而易见的短处，基本都会招致当事人反感。对此，想让交际顺畅，最好的办法就是“这壶不开赶紧提那壶”，扬长避短。

关于怎样不去触及他人的短处，就是莫拿他人的缺点、隐私等让对方不悦的事情当话题，多聊对方的长处或得意之事，做到这一点比较简单，只要你口会择言即可。

可是，当别人触及我们的短处时，我们该如何做到“这壶不开提那壶”呢？概括来讲，做不了完人可以尽量向完人靠拢。具体来说主要有两种方法。

一是先很有技巧地坦然承认自己的缺点，然后模糊掉这些缺点所带来的弊端，最终将缺点过渡为优点。

某求职者到一家名企去面试。

面试官看了求职者的成绩单，问道：“你为什么留级过一年？”

求职者巧妙地回答道：“我也觉得留级一年很不应该，当时我担任社团的负责人，全身投到社团活动上，反而忽略了自己当学生的本分，等我察觉到这个错误时，我已经留级了。虽然我花在社团的心血，也带给我不少的收获，可是一想到自己因此而留级，就觉得很可耻，我一直都为此事耿耿于怀，更不愿重蹈覆辙。”

听完这番话，面试官决定录用这位求职者。

事例中，这位求职者能够成功应聘，不得不归功于他的语言技巧。首先，他给主考官留下了一个主动承认错误、知错就改的形象。其次，主考官听了他的回答后会认为虽然留级一年，但造成这种结果的原因却是带有良性的，他会猜测该求职者的社交、组织能力很不错。由此，该求职者实现了缺点到优点之间的平稳过渡。

二是对于别人当面评价你的缺点或短处时，你也可以淡化缺点，避而不谈，去转向其他的优点。

戴维：“很抱歉，我们的谈话随时有可能被打断。不过，法拉第先生，你很幸运，此时此刻仪器还没有爆炸。你的信和笔记本我都看了，你好像在信中并没有说明你在什么地方上大学。”

法拉第：“我没有上过大学，先生。”

法拉第接着说：“我尽可能学习一切知识，并在用自己的房间建立的实验室进行试验。”

戴维：“唔，你的话使我很感动。不过科学太艰苦了，付出极大的努力只能得到微薄的报酬。”

法拉第：“但是，我认为，只要能做这种工作，本身就是一种报酬！”

这段对话十分精彩，它是英国科学巨匠法拉第当年向戴维爵士求职时的对话。当戴维爵士提到法拉第没有受过正规教育时，法拉第仅一句带过，话锋立刻投向他的长处——执着、勤奋，而这正是从事科学研究所需要的品质。最终法拉第被爵士破格录取为自己的助手。

还有些时候，尤其在面试中，我们经常会被问到一个非常尖锐的问题，那就是“你认为自己最大的弱点是什么？”

这是一个棘手的问题。如果照实回答，你就是在暴露自己的致命弱点，可能会毁了自己在对方心中的好印象；如果你回答没有什么缺点，又实在不能令人信服。对方试图使你处于不利的境地，观察你在类似的语言困境中将作出什么反应。

对此，完满的回答便是用简洁正面的介绍抵消缺点本身带来的不良效果。请记住以下 5 个原则：

一是不宜说自己没什么缺点。

二是不要把那些明显的优点牵强地说成缺点。

三是切勿不经思量地说出那些对人际关系或工作等能造成严重影响的缺点。

四是不宜说出一些令人不放心、不舒服的缺点。

五是可以说出一些表面上看是一种缺点，但从工作、生活等另一个角度看却是优点的缺点。

巧妙地运用以上的说法，便能漂亮地解决这个棘手的问题。例如：“朋友们都说我做事情过于追求完美，以至于有些吹毛求疵。记得学校校庆时我负责宣传板报的制作，返工了 4 次，被和我搭档的同学埋怨了好久。”这样的回答，说的虽是自身的缺点，但却表现了正面的效果，体现了你对工作的认真和负责。

一个人有缺点并不可怕，可怕的是不敢承认它、改正它，反而强词夺理。从辩证的角度看，缺点与优点是相互转化的，前提是正确地认识缺点，实实在在地改正缺点。“横看成岭侧成峰”，对缺点本身来讲，有些“缺点”对某些工作来说恰恰是优点；对有缺点的人来说，无论是消除误会，还是坦然承认，都会使消极评价转化为积极的评价。

别让手机成为手雷

当你对手机大声讲自己的隐私和秘密时，不要以为只有手机的另一方才能听到。特别是在办公室和其他公共场合，小心你的手机会像一个手雷一样随时引爆你的私生活。

业务员小张正在接待室门口等一位重要客户，正在这时手机响了。他拿出来一看，是自己最好的朋友小马。正好客户也没来，小张就和小马闲聊起来，从公司业绩到自己的家长里短。两人聊得酣畅淋漓，还讲了一会儿荤段子。收线之后，小张发现那个客户一直也没来，就悻悻地回公司了。

原来，那个客户在他附近听完他神侃，对他非常反感，认为与这种人做生意不安全，就到另一家公司去了。

像小张这样，不分场合使用手机的人有很多。当你聚精会神地大讲特讲时，别忘了自己所处的环境和场合。你要明白自己讲出的每一句话都会飘进别人的耳朵，谁知道什么人在你的身边。因此，手机仅仅是个通讯工具，别让手机成为手雷引爆你的私生活。

2003年底，冯小刚导演的贺岁片黑色喜剧《手机》，就像是人们对手机的焦虑体验的一次总爆发，他展示了手机带给现代人的道德困境。美国《洛杉矶时报》认为：“该影片或许是90年代探索互联网给人际关系带来冲击的《电子情书》稍微黑暗的翻版。”

在现在的职场中，关于手机的使用，必须注意以下几点：

和别人共享一个空间时，不要让手机铃响，可以改为静音模式，包括开会时、在餐馆里、在火车上，等等。因为手机铃声会打扰到别人！

如果在一个拥挤的环境中接电话时，最好离开这个房间。广播你们的谈话永远都是不礼貌的行为。

即使你单独一人，或者认为自己离别人够远了，也必须记住：用安静的、平常的声音说话，不要大喊大叫。

永远不要用手机讨论敏感或保密性的信息。窃听的技术非常发达，你永远都不知道什么样的人可能正站在你旁边，把你的话传扬出去。

开车时使用手机，一定要小心。开车时不要拨号，除非你有耳机或扬声器，否则就等停车后再拨。开车的同时拿着手机讲话是很危险的，把车停在路边或停车场再说会比较明智。

给客户打电话和有重要的事时，最好使用固定电话。用手机给人打电话，有可能让人听到你这边呼呼而过的汽车经过的声音，并且也可能因为信号不好而中断，这都会给对方留下不好的印象。

一句随意的笑话也可能让你置身险境

笑话好讲，又好听，但如果被有心的人抓住，就会变成刺向你的利剑。

刚刚大学毕业的可尼，听从父母的意见，应聘到一家银行做出纳，可尼的顶头上司是可尼大学里的“师哥”，按说可尼应该得到“师哥”的关照。

的确，刚开始“师哥”对她很客气，一点架子也没有。虽然那时候的可尼已在刊物上发表了点文章，稿费常比工资还要高，但她根本没有想过去改变自己的命运，走那条她感兴趣的路。可尼想，自己有一份稳定的工作，其实就已足够了，可命运偏不这样安排。

那是个星期天，“师哥”临时通知可尼和几个同事加班。他们收了一家单位的大笔存款，忙得中午饭只吃了个半饱，而作为领导的“师哥”直到下班才来看望他们。这时可尼和几个同事都快累趴下了。看到“师哥”笑眯眯的样子，显而易见上司心情不错，于是可尼开玩笑地说：“上司啊，瞧我们都累成这样了，加班费可不要忘了。”

第二天，可尼被叫入行长室，一听上司召见，可尼的心里就特别紧张。她战战兢兢来到行长室，行长和可尼的“师哥”都板着脸，冷冷地望着可尼。

行长是个精明的中年女人，一说话就带着官腔：“听说你索要加班费？加班就了不起啊！什么工作态度！”一句话顿时把可尼打入冰窟窿，她万万没有想到，一句玩笑话就被上纲上线，她瞅了眼师兄，他的眼神是那么冷漠，好像可尼是个“偷窃犯”一样。

接下来，行长狠狠地训斥了可尼一顿，她甚至把可尼说成“太贪婪了”。而且可尼的“师哥”也增加了一句，他说可尼经常给报社写稿子，这是不安心本职工作的表现。行长最后警告可尼说：“别忘了，今天工作不努力，明天努力找工作。”

同情她的同事后来悄悄地告诉她，可尼的“师哥”早就担心可尼抢他的位置，因为可尼不仅有学历，又比他多了写作能力。可尼后悔地说：“他是只‘笑面虎’，我怎么就没发现呢。”

可尼就这样“栽”在了“师哥”的手里。

不论是新同事还是老同事，如果他心术不正也会成为我们工作中的障碍，要想排除障碍，必须事先准备好沟通和交流的应对方法。那么，我们有什么应对方法呢？

刚到一个单位工作，人际关系不可能一步到位，尤其是上司，那就更难了。因为工作很忙，更无法同上级沟通交流。如何在新的环境中同上级和同事做好交流和沟通，是我们在新的环境中顺利工作的首要问题。

（1）主动接触。在新的环境中，见面的往往是些陌生的人，主动与这些人打招呼是出于礼貌，也是打开交流新局面的开始。如果早晨上班时间多一声“大家早上好”“吃过早点没有”等寒暄之语，对以后更进一步的沟通和交流可能更为有效。当然这与“巴结”是两码事。

（2）态度端正。不论是上级还是下级或同事，必须得端正态度，对他们都要做到礼貌，谦逊，但注意绝不要采取“低三下四”的态度，绝大部分领导是不喜欢一味地阿谀奉承、随声附和的人，也不会对你委以重任的。

（3）了解他们的个性。在沟通和交流中了解他们的个性，适应他们的生活工作以及谈话的习惯，有爱说的，有沉默寡言的，不同的个性用不同的语言与他们沟通，有助于你交际水平的提高。

为了活跃气氛，讲些笑话或幽默故事是可以的，但是在你未全面了解他们之前，最好不要跟他们开玩笑，更不要开过分的玩笑，比如：“经理，都超过半个月了，是不是钱让太太搜走啦。”经理肯定会不高兴，他认为你伤害了他的自尊心。

在工作中，不要用耍“小聪明”来吸引上司的注意力，这样才不至于会被部分同事认为你是在耍手段，从而引起他们对你的反感，要用超群不凡的才华去征服他们，让他们说出某某人真的很能干，这才是你的最终目的。

聪明的上司是不相信小人之言的，但也不能完全排除，有的上司耳朵软，经不起风吹草动，听信了小人的谗言。但是，不要怕那些流言蜚语、造谣中伤的人，用铁的事实同他“上殿面君，当堂对证”，不要让小人得逞。

在工作、学习、生活中，都会碰到这样或那样的障碍物，如何排除呢？你不妨运用以上几种方法去应对你沟通交流中的障碍，对你会有很大帮助的。

先自责可以避免大的冲突

小错误，可以先自我责备一下，这样把别人的怒气轻松地疏导走，你就不会受更多责备了。

美国心理学家卡耐基常常带一只叫雷斯的小猎狗到公园散步。他们在公园里很少碰到人，再加上这条狗友善而不伤人，所以，他常常不给雷斯系狗链或戴口罩。

有一天，他们在公园遇见一位骑马的警察。警察严厉地说：

“你为什么让你的狗跑来跑去而不给它系上链子或戴上口罩，你难道不知道这是犯法吗？”

“是的，我知道。”卡耐基低声地说，“不过，我认为它不至于在这儿咬人。”

“你不认为！法律是不管你怎么认为的。它可能在这里咬死松鼠，或咬伤小孩。这次我不追究，但假如下次再被我碰上，你就必须跟法官解释了。”

可是，他的雷斯不喜欢戴口罩，他也不喜欢它那样。一天下午，他和雷斯正在一座小山坡上赛跑，突然，他看见那位执法大人正骑在一匹红棕色的马上。

卡耐基想，这下栽了！他决定不等警察开口就先发制人。他说：

“先生，这下你当场逮到我了，我有罪。你上星期警告过我，若是再带小狗出来而不替它戴口罩，你就要罚我，我一定接受惩罚。”

“好说，好说，”警察回答的声调很柔和，“我知道在没人的时候，谁都忍不住要带这样的小狗出来溜达。”

“的确忍不住，”卡耐基说道，“但这是违法的。”

“哦，你大概把事情看得太严重了。”警察说，“我们这样吧，你只要让它跑过小山，到我看不到的地方，事情就算了。”

在这里，卡耐基为了免于被责斥，用的是“自责”的技巧，使警察觉得自己受到尊重，从而表现出宽容的态度，对他也就不追究了。

当你认为自己可能会被人指责时，不妨先数落自己一番，当对方发觉你已承认错误时，便不好意思再指责你了。如果当你有求于对方时，一开始你就说：“我这可能是无理的要求”，“我说这些话可能有点儿啰唆”，或“我说的话可能是过分点”。此时，即使你说的话确实令对方感到厌烦，但是对方也不会因此当面指责。如果你反复使用，反而会加强效果，使对方轻易听完你的要求，并接受你的要求。

做广告图时，最要紧的是简明正确，有时不免发生些小错，有一位广告社主任，专喜欢在小地方挑毛病，员工时常是不愉快地从他的办公室走出来，不是因为他难听的批评，而是他攻击的地方不当。有一位员工小赵于百忙中替他赶完一幅画，他来电话叫小赵去，到那儿果不出所料，他显得非常愤怒，已经准备好了要批评小赵一顿。小赵却使用了责备自己的方法，说：

“主任，你所说的话不假，一定是我错了，而且是不可原谅的。我替你画画多年，应该知道如何做才对，我觉得很惭愧，对不起你多年的培养。”

听到小赵这样说话，那位主任一下子怒气全消，反而替小赵辩解道说：

“是的，你说得对，不过这并非大错，仅仅……”

小赵马上插嘴说：

“不论错的大小，都有很大的关系，会给别人看了不高兴。”

主任打算插嘴说话，但小赵却不容他开口。小赵继续说道：

“我实在应该小心，你给我的工作很多，你理应得到满意的东西，所以我想把这幅画重新画一张。”

“不！不！”主任坚决地说，“已经可以了，我不打算太麻烦你。”

他夸奖小赵所作的画，说只需稍加修改就可以了，而且这一点小错，也不会使公司受损失，仅是一点小节，不必太过虑。

小赵急于批评自己，使主任的怒气全消。最后他邀小赵一起吃点心，在告别之前，他开给小赵一张支票，并又委托小赵画另一幅新的广告。

小赵承认自己错了，以显示主任的正确，抬高了他的地位。主任高兴之余也不会再苛责他了。其实人际交往中，大家争来争去都是争一口气，你先把这口气给他，用自责的办法，自然他不会多为难你了。

不轻易责备别人

人活脸，树活皮，当你不给别人面子的时候，想想自己被如此对待的心境吧！

在日常生活中，你是否经常听到别人对你说“你错了”这样的话呢？假如听到这种话你会感觉如何呢？我想大多数人听到这样的话心里都不会太舒服吧。短短几个字，虽无恶意，却很容易伤了人的自尊心。

约翰是纽约一家木材公司的推销员，他多年与那些冷酷无情的木材审查员打交道，常常发生口角，为此，他改变策略，不再同别人发生口角。

有天早上他办公室的电话铃响了，一个人急躁不安地在电话里通知他说，约翰给他的工厂运去的一车木材都不合格，要求约翰立即把货从他们的货场运回去。原来在木材卸车 1/4 时，他们的木材审查员报告说这批木材低于标准 50%，鉴于这种情况，他们拒绝接受木材。约翰立刻动身向那家工厂赶去，一路上想着怎样才能最妥当地应付这种局面。根据自己做了多年木材审查员的经验与知识，他一定会力图使对方相信这些木材达到了标准，错的是对方。然而这次他决定改变做法，打算用新近学会的“说话”原则去处理问题。

约翰赶到场地，看见对方的采购员和审查员一副揄揶神态，摆开架势准备吵架。约翰陪他们一起走到卸了一部分的货车旁，询问他们是否可以继续卸货，这样约翰可以看一下情况到底怎样。约翰还让审查员像刚才那样把要退的木材堆在一边，把好的堆在另一边。

看了一会儿约翰就发现，他审查得过分严格，判错了标准。因为这种木材是白松，而这位审查员对硬木很内行，却不懂白松木。白松木恰好是约翰的专长。不过约翰一点也没有表示反对他的木材分类方式。约翰一边观察，一边问几个问题。约翰提问时显得非常友好、合作，并告诉他说他们完全有权把不合格的木材剔出来。这样一来审查员变得热情起来，他们之间的紧张开始消除。渐渐地他的整个态度变了。他终于承认自己对白松毫无经验，开始对每一块木料重新审查并虚心征求约翰的看法。

结果是他们接受了全部木材，约翰拿到了全价的支票。

像约翰这样做，不仅让自己赢到了支票，而且还与别人缓和了关系，秘密在于不轻易责备别人。

虽然知道对方错了，但选择恰当的方式让对方接受自己的意见，往往这样才能把事情办好。同时，在你的人际关系中又多了一个朋友。

人人都有自我保护的“本能”，都忌讳别人直接指出自己的错误。既然如此，我们在劝说别人的时候，就得多加注意，不要轻易让“你错了”说出口，尤其不要强迫人家当面承认错误，而是要采取一些温和委婉的形式，巧妙地暗示他错在哪儿。比如，在刚开始交谈时就可以说：“我有一个不太成熟的想法，请你帮我分析分析，看看可行不可行？”这样，对方会对你的话题产生好奇心，不知不觉地同你讨论起来。在讨论的过程中，你就可以借机“兜售”你的“想法”了。当然，为了不引起对方的戒心，在开始交谈的时候，你还需要扯一些与主题无关的“家常话”，这是一个必要的“预热”过程。这可不是“弄景”，这是出于对对方的尊重。“景”是“假”

的，但“假”戏一定要真做。这样才容易让对方接受你的劝告。

在试图改变人家态度的同时，你一定要注意维护对方的脸面，保护他的尊严。过分直率地指出对方的错误，等于剥夺了对方的尊严，撕破了对方的脸面，也等于宣布自己是不被对方欢迎的人。这样，即使你的意见再好再有用，也难以让它发挥出“效益”来。

如果是一些无关紧要、无伤大局的小错误，那就没有必要去纠正它。这样做不仅是为了让自己避免不必要的烦恼和人事纠纷，而且也顾及了别人的名誉，不致给别人带来无谓的烦恼。

不要在别人的伤口上撒盐

别人有点儿错误，别揪住不放；如果牙尖嘴利地在别人伤口上撒盐，最后吃不了兜着走的可能是你。

忌讳犹如永不结疤的伤痕，轻轻一碰，也会痛在深处。与人交往赞美人本应算好事，但若口无遮拦，犯了忌讳，好事也会变成坏事，这也正是“有人一句话把人说笑，有人一句话把人说跳”的差别的原因。即使赞美者和受赞者关系十分密切，也要注意，不能一时兴起就不管“三七二十一”了。

黄经理和沙经理很要好，志趣相投，嬉笑怒骂无所不说，私下里也没有保留的余地，甚至对方的忌讳也是酒后茶余的谈资。

在一次宴会上，黄经理有点儿喝多了，为了表达对沙经理曲折经历和能力的敬佩，他举起酒杯说：“我提议我们大家共同为沙经理的成功干杯！总结沙经理的曲折历程，我得出一个结论：凡是成大事的人，必须具备三证！”

接着黄经理提了提嗓门说道：“第一是大学毕业证；第二是监狱释放证；

第三是老婆离婚证！”

话音刚落，众人哗然，沙经理硬着头皮，脸色铁青喝下了那杯苦涩的酒。这“三证”中的两证无疑是沙经理的忌讳，他不想让更多的人知道，也不想让人们议论，但黄经理与他太好、太熟、太没有界限了。

这则故事就警示我们，在称赞与自己关系很好的人时，如果是当着其他人的面，千万不要冒犯他的忌讳，毕竟我们每个人都不愿意提那些不愉快的事情。

但是有的人口齿伶俐，在交际场上口若悬河、滔滔不绝，假若口无遮拦，说错了话，说漏了嘴，也是很难补救的。故说话应讲究“忌口”。否则，若因言行不慎而让别人下不了台，或把事情搞糟，是不礼貌的，也是不明智的。

在与人交谈时必须注意以下几点：

（1）不要当众揭对方的隐私和错处。谁都不愿把自己的错处或隐私在公众面前“曝光”，一旦被人曝光，就会感到难堪而恼怒，甚至会迁怒于人。因此在交往中，如果不是为了某种特殊需要，一般应尽量避免接触这些敏感区，以免使对方当众出丑。必要时可采用委婉的话暗示你已知道他的错处或隐私，让他感到有压力而不得不改正。知趣的、会权衡的人只需“点到为止”，一般是会顾全自己的脸面而悄悄收场的。当面揭短，对方说不定会恼羞成怒，或者干脆耍赖，出现很难堪的局面。至于一些纯属隐私、非原则性的错处，最好的办法是装聋作哑，权当作不知道，千万别去追究。

（2）不要故意渲染和张扬对方的失误。在交际场上，人们难免碰到这类情况：讲了一句外行话，念错了一个字，搞错了一个人的名字，被人抢白了两句等这种情况，对方本已十分尴尬，生怕更多的人知道。作为知情者，一般来说，只要这种失误无关大局，你就不必大加张扬，故意搞得人人皆知，更不要抱着幸灾乐祸的态度，以为“这下可抓住你的笑柄啦”，来个小题大做，拿人家的失误来做笑料，显示你的聪明。因为这样做不仅对你无益，而且还会伤害对方的自尊心，你将在无心当中结下怨敌。同时，也有损于你自己的社交形象，人们会认为你是个刻薄饶舌的人，会对你反感、有戒心，因此敬而远之。所以渲染他人的失误，实在是一件损人而又不利己的事。

（3）要给人留余地。在社交中，有时遇到一些竞争性的文体活动，比如下棋、乒乓球赛等。尽管只是一些娱乐性活动，但人的竞争心理总是希望成为胜利者。一些"棋迷""球迷"就更是如此。有经验的社交者，即使在自己取胜把握比较大的情况下，往往也不把对方搞得太惨，而是适当地给对方留点儿面子，让他也胜一两局。尤其在对方是老人、长辈的情况下，你若图一时之快，穷追不舍，让他狼狈不堪，有时还可能引起意想不到的后果，让你无法收拾。

其实，只要不是正式比赛，作为交流感情、增进友谊的文体活动，又何必酿成不愉快的局面呢。在其他事情上也一样，集体活动中，你固然多才多艺，但也要给别人一点儿表现自己的机会。"一言堂""独风流"是不利于社交的。这样只能让你自己与别人隔绝开来，失去很多朋友，这又何必呢？

第二章 说话把握分寸，做事天衣无缝

响鼓无须重锤敲

人非圣贤，孰能无过？可是，当别人犯了错误，我们该如何不伤彼此颜面地去批评对方呢？看了下面的故事，你就会大有收获了。

宋朝知益州的张咏，听说寇准当上了宰相，对其部下说："寇公奇才，惜学术不足尔。"这句话一语中的。张咏与寇准是多年的至交，他很想找个机会劝劝老朋友多读些书。

恰巧时隔不久，寇准因事来到陕西，刚刚卸任的张咏也从成都来到这里。老友相会，格外高兴。临分手时，寇准问张咏："何以教准？"张咏对此早有所考虑，正想趁机劝寇公多读书。可是又一琢磨，寇准已是堂堂宰相，居一人之下，万人之上，怎么好直截了当地说他没学问呢？张咏略微沉吟了一下，慢条斯理地说了一句："《霍光传》不可不读。"回到相府，寇准赶紧找出《汉书·霍光传》，从头仔细阅读，当他读到"光不学无术，阍于大理"时，恍然大悟，自言自语地说："此张公谓我矣！"是啊，当年霍光任过大司马、大将军要职，地位相当于宋朝的宰相，他辅佐汉朝立有大功，但是居功自傲，不好学习，不明事理。这与寇准有某些相似之处。因而寇准读了《霍光传》，很快明白了张咏的用意。

故事中，张咏与寇准过去是至交，但后来寇准位居宰相，直接批评效果不一定好，在这种情况下，张咏的一句赠言"《霍光传》不可不读"可以说是绝妙的。别看这仅仅是一句话，其实它能胜过千言万语。"不学无术"，这是常人难以接受的批评，更何况是当朝宰相，而张咏通过教读《霍光传》这个委婉的方式，使寇准愉快地接受了自己的建议。正所谓："响鼓不用重锤敲。”寇准是聪明人，也是知错能改的自觉人，因此只需轻轻点拨即可。

有的批评者明白这一道理，更是采取一种十分高明的暗示手段，效果不一般，这就是请教式批评。

有个人在一处禁捕的水库内网鱼。远处走来一位警察，捕鱼者心想这下糟了。警察走近后，出乎意料，不仅没有大声训斥，反而和气地说：“先生，您在此洗网，下游的河水岂不被污染？”这情景令捕鱼者十分感动，连忙诚恳地道歉。

试想，如果警察当即责骂捕鱼者，那效果肯定不一样了。最为高明的手段是根本不提“批评”二字，而是逐渐“敲醒”听者，启发他自己做自我批评。

还有一则例子，也很好地说明了“响鼓不用重锤敲”这一道理。

1887 年 3 月 8 日，美国最伟大的牧师及演说家亨利·华德·毕奇尔逝世。就在那个星期天，莱曼·阿伯特应邀向那些因毕奇尔的去世而哀伤不已的牧师们演说。他急于做最佳表现，因此把他的讲道词写了又改，改了又写，并像大作家福楼拜那样谨慎地加以润饰，然后读给他妻子听。

实际上，他写得很不好，就像大部分他以前写的演说一样。如果他的妻子不懂得批评的技巧，她也许就会说：“莱曼，写得真是糟糕，念起来就像一部百科全书似的，你会使所有听众都睡着的。你已经传道这么多年了，应该有更好的认识才是，看在上帝的分上，你为什么不像普通人那般说话？你为什么不表现得自然一点？如果你念出这样的一篇东西，只会自取其辱。”她“也许”会这么说，而且如果她真的那么说了，其后果是可想而知的。

但是，她只是说，这篇讲稿若登在《北美评论》杂志上，将是一篇极佳的文章。换句话说，她称赞了这篇讲稿，但同时很巧妙地暗示，如果用这篇讲稿来演说，将不会有好效果。莱曼·阿伯特知道她的意思，于是把他细心准备的原稿撕碎，后来讲道时甚至不用笔记。

所以，批评的话并不是随口说出来的，我们必须思考应该以什么样的方式把它说出来而不会让对方难堪。对于那些有自知之明的人，最好采用暗示的方式，因为这样做就可以达到劝说的目的了，无须再把话挑明，多加一层伤害。

掌握火候，说笑间得“笑果”

开玩笑是生活的调味品；开玩笑可以减轻疲劳，调节气氛，缩短朋友和同事之间的距离，彼此之间产生矛盾时，一句玩笑话可以化干戈为玉帛，消除积怨；开玩笑也可以用作善意的批评或拒绝某人的要求。

然而，开玩笑要把握尺度，掌握分寸。玩笑开得过火会给人一种被耍弄的感觉，弄不好会加深或引发与他人的矛盾，造成谈笑后只能吃“苦果”。因此，对开玩笑和诙谐，必须随时记住会有伤人的危险，要小心翼翼不能踏错一步，以免一步走错、全盘皆输，得不偿失。

一天，几个同事在办公室聊天，其中有一位胡小姐配了一副眼镜，于是拿出来让大家看看她戴眼镜好看不好看。大家不愿扫她的兴，都说很不错。这件事使老常想起一个笑话，他就立刻说出来：“有一个老小姐走进皮鞋店，试穿了好几双鞋子，当鞋店老板蹲下来替她量脚的尺寸时，这位老小姐——我们要知道她是近视眼，一看到店老板光秃秃的头，以为是她自己的膝盖露出来了，连忙用裙子将它盖住。她立刻听到一声闷叫，‘混蛋！’店老板叫道，‘保险丝又断了！’”

接着是一片哄笑声，孰料事后竟从未见到胡小姐戴过眼镜，而且碰到老常再也不和他打一声招呼。

胡小姐和老常之间发生如此大的变化，其中的原因不难明白。说者无心，听者有意，在老常来想不过是说起一则近视眼的笑话，然而，胡小姐则可能这样想：“你取笑我戴眼镜不要紧，还影射我是个老小姐。我老吗？我才26岁！”

所以，说笑话要先看看对哪些人说，先想想会不会引起别人误会。开玩笑之前，先要注意你所选择的对象是否能受得起你的玩笑。

一般来说，人可分为三类：第一种，狡黠聪明；第二种，敦厚诚实；第三种则介乎上面两者之间。对第一种人开玩笑，他是不会使你占便宜的，结果是旗鼓相当，不分高下。第二种敦厚诚实者，喜欢和大家一起笑，任你如何取笑他，他脾气绝好，不致动怒。对这两种人，你可以先看看对方当时的情形，能否可以开玩笑。而第三种人，你要小心。这种人一般也爱和别人笑在一起，但一经别人取笑时，既无立刻还击的聪明机智，又无接纳别人玩笑的度量，如果是男的则变成恼羞成怒、反目不悦，如果是女的就独自痛哭一顿，说是受人欺侮。

再者，开玩笑要有轻有重。“重”的玩笑多半是开不得的，它只能在比较特殊的场合才能开。若在一般场合开比较“重”的玩笑，可能就不再可笑了，甚至会变成悲剧。

据某报刊载：张某和几个朋友一起喝酒，几两酒下肚后，张某脑袋就有些昏昏沉沉了。两位朋友边喝边和他开玩笑：“瞧你这丑样，你那儿子倒很帅，莫不是你媳妇跟别人生的？”张某是个小心眼儿的人，平时也爱丢三落四，但此时在醉态中却牢牢记住了这句开玩笑的话。等张某跌跌撞撞回家后，就向妻子找碴儿：“你说！我长的是啥样，为什么这孩子却是那模样？到底是不是和我生的？”他边说边逼近妻子。突然，他冷不防从妻子怀里抓过孩子，拎着小腿，把孩子扔到炕上，又顺手抓起枕头压在了哭叫不已的孩子的脸上，可怜的孩子顿时没有了哭声。见此情景，妻子极力想救孩子，却被丈夫打倒在炉灶前。妻子急恨交加，顺手抓起炉灶旁边的炉钩，死命地甩向张某。只听张某“哎呀”一声，松开了枕头，慢慢地瘫倒在地上。妻子从地上爬起来，不顾一切地向儿子扑了过去。她急忙掀去枕头，儿子的小脸儿憋得青紫，已经奄奄一息了。再看丈夫，他倒伏在地上，一动不动，一股青紫色的液体顺着他的右腮淌下。原来她甩过去的炉钩的尖端，刚好嵌进张某的右边太阳穴，她见状吓得昏了过去。

一边是只剩下一口气的宝贝儿子，一边是一口气也没有的丈夫。顷刻间，好端端的一家人，家破人亡，毁于一旦。

看来，开玩笑之前，我们务必要考虑这个玩笑带来的后果。

具体来讲，开玩笑需要把握的分寸主要包括以下 4 个方面：

一是和长辈、晚辈开玩笑忌轻佻放肆，特别应忌谈男女情事。几辈同堂时的玩笑要高雅、机智、幽默、解颐助兴、乐在其中。在这种场合，忌谈男女风流韵事。当同辈人开这方面玩笑时，自己以长辈或晚辈身份在场时，最好不要掺言，只若无其事地旁听就是。

二是和非血缘关系的异性单独相处时忌开玩笑（夫妻自然除外），哪怕是开正经的玩笑，也往往会引起对方反感，或者会引起旁人的猜测非议。要注意保持适当的距离。当然，也不能拘谨别扭。

三是和残疾人开玩笑，注意避讳。人人都怕别人用自己的短处开玩笑，残疾人尤其如此。

四是朋友陪客时，忌和朋友开玩笑。人家已有共同的话题，已经形成和谐融洽的气氛，如果你突然介入与之玩笑，转移人家的注意力，打断人家的话题，破坏谈话的雅兴，朋友会认为你扫他面子。

此外，开玩笑的时候，如果你说了伤人的话，一定要诚心诚意道歉，不能就此放任不管。

别拿滑稽当幽默，小心惹人更害己

很多研究表明，在言谈中运用幽默是有益处的。最重要的一点是大部分人往往都喜欢具有幽默感的说话者，也许他们不会自动将你的话视为真理，但是他们会更乐意接受你所传达的信息。

社会学研究表明：人们对于融入笑话或者逸事中的信息的记忆时间要长于对于纯粹信息的记忆时间。许多演说家追求的理想境界是将观点融入一个笑话中，当听众记住这个笑话并将它讲给别人听时，他们会很自然地记住其中的观点。

无论你是一个初次登台演说者，还是一个经常喜欢与人调侃的人，你都应当试着培养自己像演说家那样带着幽默性去交流。即使你内心庄严得像《百科全书》一样，但当你在他人面前要讲话的时候，尤其是需要拉近与对方距离的时候，都应努力把幽默融入你的言语，这样会更加引起人家的兴趣。

遗憾的是，很多人把滑稽与幽默混为一谈，而实质上两者是大不相同的。滑稽是一些笑话或有趣的动作等，而幽默是一种更高层次的智慧积淀。那些从小生长并工作在马戏团、喜剧俱乐部或者议会的人具有滑稽的天赋。但是我们都知道，一个具有幽默感的人甚至可能不会讲笑话。他不会使你开怀大笑，但是能让你感到气氛很友好，博得你的浅浅一笑。这恰好是你在演讲中应努力达到的境界。你要学会在演讲中运用幽默感，而不是用笑话展现自己滑稽的一面。

你听说过哪一个风趣的健谈者以一个毫无意义的笑话开始他的演讲？如果某个演讲者在演讲开始讲一个毫无意义、毫不相关的笑话，听众会有什么反应呢……可能某个笑话很滑稽，会博得你开怀一笑，可事实上，这个笑话也只是分散一下你的注意力。因为它对双方交流毫无实质性的帮助，只是在浪费时间。

无聊的滑稽之谈，还可能造成另一种糟糕的情况，就是听者对说者讲的笑话没有反应，这称作笑话的“炸弹效应”。听者明白说者的意图，试图展现滑稽的一面，但是没有丝毫地回应，这时说者会在一片寂静中感到很紧张，听者自己也会感受到当场那种紧张的气氛。在这种情况下，说者就陷入到笑话“炸弹效应”的尴尬境地中了，而且很难摆脱。

语言交流中，幽默是一种十分微妙的事。一个故事的趣味，很少含在故事的本身里，之所以能够成为有趣，完全得看讲故事的人是怎样的讲法。一百个人同讲一个幽默的故事，有九十九个人是要失败的。如果你确知你是一个具有幽默天赋的人，你就应该努力培养你的这份天才，使你无论到什么地方，都备受欢迎。但是，如果你的天才不在这方面，那么，你硬要去学幽默，真是“东施效颦”、愚不可及了。

正如聪明的演说家们，从不会为了只想幽默而讲一则故事。幽默犹如糕饼上的糖霜，而不是饼本身，只能巧妙地穿插一些在语言里面。例如，驰名美国的幽默演说家利兰，给自己定上一个戒条，在开始演说后的三分钟内，绝不讲述故事，这个戒条，也值得我们效法。

还要强调的是，使用伤害性的幽默也属假作幽默之列。有的人为了表现幽默，不惜使用一些令人反感的言辞，以牺牲感情为代价，结果只会适得其反。幽默本来应该是演讲者与听众之间的桥梁，然而在此却变成了一种伤害，这不能算作真正的幽默。

同时，语言交流应该尽量避免有关个人性别和种族的笑话，这是一个基本常识。因为能够起控制作用的不是说者的想法，而是听者的感受。

假如你正在听笑话，并且你是爱尔兰籍的，笑话正是有关爱尔兰人的，你的感觉如何？专家们建议不要使用这种话题的笑话，但是有些人还是要冒险使用。请你牢记一点，你是想利用幽默交友，而不是树敌。同时，很多人认为种族和性别问题是很令人反感的，其实有关艾滋病的笑话也同样令人反感。

还有，你听过某些人使用“男女混合公司”这个短语吗？说话方可能是这么说的：“我知道一个笑话，但是我不能在男女混合的公司里讲。”应避免说这个短语，因为它的使用要考虑听众的性别。如果公司中只有男性职员，演讲者可以讲这个笑话，因为它只会冒犯女性而不会使男性职员反感。很多女性都反感黄色幽默。所以辞典中将“男女混合公司”定义为具有高雅品位和低俗品位的人的混合。通常听众不全是由低俗的人组成的，如果你总是在男女混合公司里讲黄色笑话，肯定会冒犯听众的。

那么，难道语言交流的开头，应该严肃得像一只巨象般呆笨吗？不，你不妨在开头先引用几句名演说家说过的话，或是谈一些涉及当时的事情使大家发笑或是故意夸大地批评一些矛盾的事。这样的幽默，比引用那些引人发笑的故事，有更多的成功机会。

引人发笑的最简便的方法，是讲一些关于你本人可笑的事件，把自己说得十分可笑，而又装得好像有些发窘，那么听者的心理，恰如见到一个人被果皮滑了一跤，或一个人正在拼命追赶他那被风吹去的帽子一般，觉得十分好笑。但是，你万万不可拿无聊或伤人的滑稽当幽默。

不把话说绝，平和解决矛盾

在发生矛盾后，双方肯定谁心里都不痛快，很容易失态，口出恶言，把话说绝了。一时把话说绝了，痛快也只能是一时的，而受伤害的是双方长远的关系和自己的声誉。所以，即使有再大的矛盾，我们也应该把握住一点，就是不把话说绝，给对方，也给自己一个台阶下。

一位顾客在商场买了一件外衣之后，要求退货。衣服她已经穿过一次并且洗过，可她坚持说“绝对没穿过”，要求退货。

售货员检查了外衣，发现有明显的干洗过的痕迹。但是，直截了当地向顾客说明这一点，顾客是绝不会轻易承认的，因为她已经说过“绝对没穿过”，而且精心地伪装过。于是，售货员说：“我很想知道是否你们家的某位把这件衣服错送到干洗店去过，我记得不久前我也发生过一件同样的事情。我把一件刚买的衣服和其他衣服堆在一块儿，结果我丈夫没注意，把那件新衣服和一堆脏衣服一股脑儿地塞进了洗衣机。我觉得可能你也会遇到这件事情，因为这件衣服的确看得出已经被洗过的痕迹。不信的话，可以跟其他衣服比一比。”

顾客看了看证据，知道无可辩驳，而售货员又为她的错误准备了借口，给了她一个台阶下。于是，她顺水推舟，乖乖地收起衣服走了。

售货员如果直白地揭穿顾客的“伎俩”，再强硬地驳回对方的要求，就等于在大庭广众下把话说绝了，换来的只会是一场尴尬和不欢而散。现实生活中，人们普遍存在着吃软不吃硬的心态。特别是性格刚烈的人，如果你说话“硬”的话，他也可能比你更硬；你如果来“软”的，对方倒会于心不忍，也就有话好好说了。

有的人会说，发生这个矛盾，我就打算和他绝交了，把话说绝了又怎么样。真是这样吗？要知道，暂时分手并不等于绝交。

友好分手还会为日后可能出现的和好埋下伏笔。有时朋友间分手绝交并非是彼此感情的彻底泯灭，而是因一时误会造成的。如果大家采取友好分手的方式，不把话说绝，那么，有朝一日误会解除了，很可能破镜重圆，使友谊的种子重新开放出绚丽的花朵。在这方面不乏其例。

17 世纪初，丹麦天文学家弟谷·布拉赫和德国的开普勒共同研究天文学，两个人建立了亲密的友谊。后来，由于开普勒误听妻子的挑唆，丢下研究课题，离开了弟谷。然而弟谷并没有因此而指责开普勒，还宽大为怀，写信作解释。不久，开普勒终于明白自己误听谗言，十分惭愧，写信向弟谷道歉，并回到已病重的弟谷身边。两个人言归于好，再度合作，终于出版了《鲁道夫星表》，他们的名字得以载入科学史册。

从这个事例可以看出，他们之所以能恢复友谊并共同做出成就，是与当时采取友好分手方式有直接关系的。所以说，不把话说绝实在是一种交际美德，值得提倡。有的人不明白这个道理，他们一和别人发生矛盾时就取下策而用之，与人反目为仇，谩骂指责，把话说得很绝以解心头之恨。这样做痛快倒也痛快，但他们没想到，在把别人骂得狗血喷头的同时，也就暴露了自己人格上的缺陷。人们会从这样的情景中看到，他对别人居然如此刻薄，如此不留情面，如此翻脸不认人，把话说绝得不偿失。所以，在与人发生矛盾时，要友好地解决问题。

淡化感情色彩，委婉地表达你的不满

在公众活动中，经常可能遇到让人尴尬而不满的情景。在这种情景下是不好生硬地表达不满的，而应该淡化感情色彩。

著名科学家爱因斯坦风趣幽默，有一次，由他证婚的一对年轻夫妇带着小儿子来看他。孩子刚看到爱因斯坦一眼就号啕大哭起来，弄得这对夫妇很尴尬，爱因斯坦脸上也有些挂不住，但幽默的爱因斯坦却摸着孩子的头高兴地说："你是第一个肯当面说出对我的印象的人。"这句妙答给了这对夫妇一个情面，活跃了气氛，融洽了关系，当然也含蓄地表达了爱因斯坦的不满。

在这里，爱因斯坦向我们显示了他在交际中的机智。面对孩子大哭给自己和年轻夫妇带来的尴尬，他干脆采用了自嘲的方式来帮助对方化解尴尬并表现自己的不满。然后放低姿态，凭借"慈祥"的语气表示自己对此态度的认同，淡化了感情色彩。

1988年8月3日，英国首相撒切尔夫人在出访澳大利亚时参观墨尔本市市容，突然遭到爱尔兰共和军支持者的围攻。在示威者的一片谩骂声中，撒切尔夫人在澳大利亚警方的保护下仓促离去。即便对一个老资格的政治家来说，这也是一件很尴尬的事情，而对东道主澳大利亚来说，也是大丢脸面的。在当晚的宴会上，撒切尔夫人在宾客好奇的期待和主人难免的困窘尴尬中，轻松地评论说："墨尔本是一个美丽而吵闹的城市。"哄然大笑之后，听众热烈鼓掌，大家为撒切尔夫人巧妙淡化、摆脱尴尬的技巧所叹服。她把一场激烈的政治性示威淡化为城市由于人口高度密集而难免的喧嚣吵闹，使自己的不满在双方的笑声中表现了出来。

英国前首相丘吉尔在他执政的最后一年，出席一个政府举办的仪式。在他身后不远的地方有几个绅士窃窃私语："你看，那不是丘吉尔吗？""人家说他现在已经开始老朽了""还有人说他就要下台了，要把他的位子让给精力更充沛更有能力的人了。"当这个仪式结束的时候，丘吉尔转过头来，对这几个绅士煞有介事地说："唉，先生们，我还听说他的耳朵近来也不好用了。"

丘吉尔知道，自尊自爱就要以适当的方式来表达自己的思想感情，他在这里的幽默一语，既淡化了感情色彩，给自己解了围，表达了不满，又使那些绅士自讨没趣。

美国前首相威尔逊在一次竞选演讲中，遭到一个捣乱分子的挑衅。演讲正在进行，捣乱分子突然高声喊叫："狗屁！垃圾！臭大粪！"这个人的意思很明显，是骂威尔逊的演讲臭不可闻，不值得一听。威尔逊对此感到非常生气，但只是报以微微的一笑，安慰他说："这位先生，我马上就要谈到你提出的环境脏乱差的问题了。"随之，听众中爆发出掌声、笑声，为威尔逊的机智幽默喝彩。

社交场合碰到别人的不恭言行，不能发作，但憋在心里也不好受。海明威曾说过："告诉他你不高兴，但在话中别出现'不高兴'这个词。"把表示不满的语言的感情色彩淡化一下，让对方知道你不高兴，又不至于破坏友好气氛，是个不错的方式。

批评之后给对方铺退路

有一位老师曾遇到过这样一件事：下课了，有个学生向老师反映，昨天她爸爸作为生日礼物送给她的一支黑色派克钢笔不见了。老师观察了一下全班同学的表情，发现坐在该女生旁边的那个学生神情惊慌，面色苍白。钢笔可能是她拿的。当面指出吧，苦于没有充分的证据；搜身吧，又不近情理。这位掌握一定攻心技巧的老师想了想说："别着急，肯定是哪个同学拿错了。只要等会儿她发现了，一定会还给你的。"说完，老师看了看那个学生。果然，下课以后，那个拿了钢笔的同学趁旁人不在的时候，赶紧把钢笔偷偷放回了那个女同学的笔盒里。

这个故事告诉我们，如果他人犯了错误，我们批评时也要抱着一种理解的态度，不要一棒打死，而是要在批评之后给对方铺退路。因为人都是有各种各样的弱点的，完美的人只有在童话或神话中才存在。现实生活中的人都是"凡夫俗子"，都或多或少地会有错误。

假如老师直接把自己的怀疑说出来，并严厉批评偷笔的同学，把话说绝，把退路都堵死了，难免会使一时犯错的同学受到伤害，甚至会因使对方过于难堪而导致更糟糕的状况。相反，这位老师用暗示的方法给犯错的同学留下了弥补错误的机会。在人际交往中，我们不应该对所有犯错的人都予以不可辩驳的宣判，而是应该使对方燃起"明天起要再加油"的决心，给他们改正悔悟的机会。

有时候为了给犯错的人铺一条退路，还可以假定对方在开始时没有掌握全部事实。例如，你可以这样说：

“当然，我完全理解你为什么会这样设想，因为你那时不知道那回事。”

“在这种情况下，任何人都会这样做的。”

“最初，我也是这样想的，但后来当我了解到全部情况时，我就知道自己错了。”

精明的人在说话时都懂得不撕破脸，在对方没有退路时给对方铺退路。这样对方也会自知理亏，而早早收场，不再纠缠。

从另一个角度来说，人与人之间的个人感情是不能回避的，随着社会的发展，人际交往中的人情味也会越来越浓。社会越前进，社会分工越细，人际的感情依存越强，人的情感就更加显得可贵。这个问题有利也有弊，社会中的领导者尤其应该重视这个问题。比如对一些影响不大，又不属于原则性的错误，进行了批评，达到了批评的目的，就可不再声张，甚至也不再言及领导班子中的其他人。有时也可直接告诉被批评者，说明到此为止，不再告之他人。这都可使对方得到尊严上的安全感，产生情感约束力。

对“不争气”者多激励，少责骂

作为父母、老师、上司，经常会碰到“不争气”的孩子、学生和下属。这时应该怎么样，横眉怒对吗？这只会增加他的叛逆心理。比较好的一种办法是告诉他：你很优秀。人们多数时候需要的是激励，而不是责骂。

纽约布鲁克林的一位四年级老师鲁丝·霍普斯金太太，在新学期开学的第一天，看过班上的学生名册时，她对本该兴奋和快乐的新学期却心怀忧虑：今年，在她班上有一个全校最顽皮的“坏孩子”——汤姆。他不只是做恶作剧，还跟男生打架、逗女生、对老师无礼、在班上扰乱秩序，而且好像是越来越糟。他唯一的优点是：他很快就能学会学校的功课。

霍普斯金太太决定立刻面对汤姆的问题。当她见到她的新学生时，她讲了些话："罗丝，你穿的衣服很漂亮。爱丽西亚，我听说你画画很不错。"当她念到汤姆的名字时，她直视着汤姆，对他说："汤姆，我听说你是个天生的领导人才，今年我要靠你帮我把这个班变成四年级最好的一个班。"在头几天，她一直强调这点，夸奖汤姆所做的一切，并评论他的行为表明他是一位很好的学生。

令人惊奇的结果出现了，汤姆真的变了，他渐渐地约束了自己的行为，变成了一个好学生。

再看一下美国纽约州第一位黑人州长罗杰·罗尔斯的故事。

罗杰·罗尔斯是美国纽约州历史上第一位黑人州长。他出生在纽约声名狼藉的大沙头贫民窟，这里环境肮脏，充满暴力，是偷渡者和流浪汉的聚集地。在这儿出生的孩子，耳濡目染，他们从小逃学、打架、偷东西甚至吸毒，长大后很少有人从事体面的职业。然而，罗杰·罗尔斯是个例外，他不仅考入了大学，而且成了州长。

在就职的记者招待会上，一位记者对他提问：是什么把你推向州长宝座的？面对300多名记者，罗尔斯对自己的奋斗史只字未提，只谈到了他上小学时的校长——皮尔·保罗。1961年，皮尔·保罗被聘为诺必塔小学的董事兼校长。当时正值美国嬉皮士流行的时代，他走进大沙头诺必塔小学的时候，发现这儿的穷孩子比"迷惘的一代"还要无所事事。他们不与老师合作，旷课、斗殴，甚至砸烂教室的黑板。皮尔·保罗想了很多办法来引导他们，可是没有一个是奏效的。后来他发现这些孩子都很迷信，于是在他上课的时候就多了一项内容——给学生看手相，他用这个办法来鼓励学生。

当罗尔斯从窗台上跳下，伸着小手走向讲台时，皮尔·保罗说："我一看你修长的小拇指就知道，将来你是纽约州的州长。”当时，罗尔斯大吃一惊，因为长这么大，只有他奶奶让他振奋过一次，说他可以成为5吨重的小船的船长。这一次，皮尔·保罗先生竟说他可以当纽约州的州长，着实出乎他的预料。他记下了这句话，并相信了它。从那天起，“纽约州州长”就像一面旗帜，罗尔斯的衣服不再沾满泥土，说话时也不再夹杂污言秽语。他开始挺直腰杆走路，在以后的40多年间，他没有一天不按州长的身份要求自己。51岁那年，他终于成了州长。

用模糊语言说尖锐的话

对于一些话题比较尖锐的事情，最好使用模糊语言，给对方一个模糊的意见，或者多用一些“好像”“可能”“看来”“大概”之类的词语，显得留有余地，语气委婉一些。

例如，当学生在课堂上回答不出问题时，作为老师一般不应这样训斥学生：“你怎么搞的？昨天你肯定没复习！”而应当用模糊委婉的语言表达批评的意思：“看来你好像没有认真复习，是不是？还是因为有点儿紧张，不知道该怎么说呢？”而且应当进一步提出希望和要求：“希望你及时复习，抓住问题的要领，争取下次作出圆满的回答，行不行？”这样给了学生面子，也能达到好的效果。

在一些交流场合，尤其是在一些比较正式的场合，经常可以碰到一些涉及尖锐问题的提问，这些提问不能直接、具体地回答，又不能不回答。这时候，说话者就可以巧妙地用模糊语言表达自己的意见，让当事双方都不感到太难堪。

一个年轻男士陪着他刚刚怀孕的妻子和他的丈母娘在湖上划船。丈母娘有意试探小伙子，就问道：“如果我和你老婆不小心一起落到水里，你打算先救哪个呢？”这是一个老问题，也是一个两难选择的问题，回答先救哪一个都不妥当。年轻男士稍加思索后回答道：“我先救妈妈。”母女俩一听哈哈大笑，脸上都露出了满意的笑容。“妈妈”这个词一语双关，使人皆大欢喜。

我们在听政府发言人谈话，或者看一些文件、公报的时候，常常觉得平淡无味。其实这些语言往往蕴含着非常尖锐的意思，只是用了一些模糊化的词语，让它显得“平淡”了一些而已。比如外交部发言人谈话中提到“宾主双方进行了坦率的会谈”，这里“坦率”的背后意思有可能是有很多争议，意见分歧非常大；再比如“应当促进双方的交流”，意思有可能是双方的共识太少，彼此之间有比较深的成见。这些模糊化的语言既达到了说明问题的目的，又起到了淡化矛盾的作用。

实话要巧说，坏话要好说

生活中，人与人之间交流，语言是最主要的手段。虽然说起话来仅用一张嘴，但由于言谈中要对他人的面子、自尊等有所顾忌，或某些事情需要保密等，实话实说往往会令人尴尬、伤人自尊。

这就要求我们，言谈不仅要动嘴，而且要动脑。实话是要说的，却应该巧说。那么该如何巧妙地去表达呢？如何才能说得既让人听了顺耳，又欣然接受呢？

这里，为大家介绍几点有效的方式：

1. 抓心理达目的

这就是要抓住人的心理，运用激将的方法，进而达到自己真正的目的。

一位穿着华贵的妇女走进时装店，对一套时装很感兴趣，但又觉得价格昂贵，犹豫不决。这时一位营业员走过来对她说，某某女部长刚才也看好了这套时装，和你一样也觉得这件时装有点贵，刚刚离开，于是这位夫人当即买下了这套时装。

这位营业员能让这位夫人买下时装，是因为她很巧妙地抓住了这位夫人"自己所见与部长略同"和"部长嫌贵没买，她要与部长攀比"的心理，用激将的方法进而巧妙地达到了让夫人买下时装的目的。

2. 藏而不露巧表达

运用多义词委婉曲折地表明自己要说的大实话。

林肯当总统期间，有人向他引荐某人为阁员，因为林肯早就了解到该人品行不好，所以一直没有同意。一次，朋友生气地问他，怎么到现在还没结果。林肯说，我不喜欢他那副"长相"。朋友一惊道："什么！那你也未免太严厉了，'长相'是父母给的，也怨不得他呀！"林肯说："不，一个人超过四十岁就应该对他脸上那副'长相'负责了。"朋友当即听出了林肯的话中话，再也没有说什么。

很显然，这里林肯所说的"长相"和他朋友所说的"长相"，根本不是一回事。林肯巧妙地利用词语的歧义性，道出了"这个人品行道德差，我不同意他做阁员"这句大实话，既维护了朋友的面子，又达到了自己的目的。

3. 由此及彼肚里明

两个人的意见发生了分歧，如果实话"实说"直接反驳就有可能伤了和气，影响团结。这个时候就需要我们采取这种方法，因为这样可能会避免一些麻烦。

有这样一个例子：

一次事故中，主管生产的副厂长老马左手指受了伤被送往医院治疗，厂长老丁来病房看望时，谈到车间小吴和小齐两个年轻人技术水平较强，但组织纪律观念较差，想让他们下岗一事。老马当时没有表态，只是突然捧着手“哎哟，哎哟”大叫。丁厂长忙问：“疼了吧？”老马说：“可不是，实在太疼了，干脆把手锯掉算了。”老丁一听忙说：“老马，你是不是疼糊涂了，怎么手指受了伤就想把手给锯掉呢。”老马说：“你说得很有道理，有时候，我们看问题，往往因注重了一方面而忽视了另一方面啊。老丁，我这手受了伤需要治疗，那小吴和小齐……”老丁一下子听出老马的“弦外之音”，忙说：“老马，谢谢你开导我，小吴和小齐的事我知道该怎么处理了。”

老马用手有病需要治疗类比人有缺点需要改正，进而巧妙地把用人和治病结合起来，既没因为直接反对老丁伤了和气，而且又维护了团结，成功地解决了问题。实在是高！

总之，无论是想说好话，还是想说坏话，语言表达产生的效果往往比你最初要表达的想法更重要，只有把话说得让对方乐于接受，你的表达才算有正面意义。

防止“弦外之音”伤人

弦外之音有时可以在不经意间起到暗示别人的作用，但有时也会在不经意间伤害别人。

我们常常夸奖别人说话含义丰富、深刻，有“言外之意”“弦外之音”。

一般来说，我们说话要求简单明了，不要烦琐含糊。同时，还应该知道，有时候把话说得太直白会伤人，不如在话语中隐藏弦外之音。然而，有些人并不懂得如何运用弦外之音，从而在不经意间伤了他人。

一群人在看电视剧，剧中有婆媳争吵的镜头。张大嫂便随口议论道：“我看，现在的儿媳真是不知好歹，不愿意和老人住在一起，也不想想以后自己老了怎么办？”话未说完，旁边的小齐马上站了起来，怒声说：“你说话干净点，不要找不自在，我最讨厌别人指桑骂槐！”

原来，小齐平素与婆婆关系失和，最近刚从家里搬出来自己住。张大嫂由于不了解情况，无意中揭了对方的短而得罪了小齐。

聪明的人善于把批评的意思压缩在一句貌似赞扬的话里，让人在体味“言外之意”的同时，意识到自己的错误。

某厂有一栋宿舍，一楼住着老工人，二楼住着年轻工人。一天夜晚，一些年轻工人喝酒猜拳，大吵大闹，到了凌晨1点还不罢休，影响了楼下老工人的休息。

一位老工人气愤地走上楼去，大声斥责说：“安静！”

可这些年轻人连理也不理，吵闹得更凶了。

过了一会儿，另一位老工人也走了上去，笑着对他们说：“小伙子们，你们辛苦了，该休息了。”

听了这位老工人的话，这伙年轻人很快静了下来。

这两句话表达的意思是一样的，但表现形式不一样导致结果迥然不同。我们分析一下：第一位老工人的话语直接，火药味十足，它让听者产生了逆反心理，所以，闹腾得更欢了。

第二位老工人则不同，他运用了隐含判断，话语中隐含着对这些年轻人“闹得太久，影响了他人休息”的批评，但话说得委婉含蓄。这些年轻人因第一位老工人的话而激起的反抗心理此时被击溃了，心悦诚服地改正了自己的过失。

无论什么人，都不喜欢别人说自己的坏话。因此，当他听到对方说自己坏话时，就会不高兴、生气，甚至想找机会报复。

因此，有些想说人家坏话的人，就选择了说“弦外之音”。

说话的目的在于交流思想和感情，但万不能用“弦外之音”去伤害别人。有些人说话含蓄，爱卖弄，如果对方听懂了倒没关系，若是没听懂甚至听错了，不但起不到交流的目的，反而可能引起误会。

说话要隐晦些

直言直语固然好，但说话还是要隐晦一些。什么话该摊开来说，什么话该隐晦地说，我们要做到心中有数。

在表达一些意愿和请求时，如果能够合理地把握说话时的分寸，暗藏在话语背后的真意一样可以传达给对方。

1. 以退为进，让人主动接受

暑假时，某高校决定组织青年志愿者到孤儿院献爱心。

班主任向所有志愿者提出一项要求："希望每位成员能带一名孤儿到自己家中共同过暑假，让他们感受家庭的温暖。"把好不容易盼来的假期全部花在照料孤儿上，这的确有些让人勉为其难，当时，就遭到了大家无声的拒绝。

短暂的冷场后，班主任微微一笑，说："我知道这样可能使大家为难了。这样吧，我尊重大家的选择，把原计划改为每周抽出一天时间陪孩子一起逛逛公园、做做游戏，这样总可以了吧？"这一提议获得了大家的一致通过。

其实，这只不过是班主任的一个策略而已。他的真实用意实际上就是希望志愿者每周能抽出一天时间陪陪孤儿，不过他明白，在暑假里即使这样一个请求，实践起来也是有一定难度的。于是在提出这样一个请求前，他干脆提出了一个更大的请求——让他们整个暑假照料孤儿，这一请求不出所料地遭到大家的拒绝。只不过，在已经拒绝一次的情况下，再提出一个请求，大家也就不好意思再拒绝了。而且两次请求相权衡，大家自然会选择后者。

2. 满足需要，让人自动回避

19 世纪，在维也纳上层社会的妇女中，时兴一种高筒、宽檐的帽子，帽檐上装饰着五颜六色的羽翎。当这些女士进入剧场时，坐在她们后面的观众就只能看到她们的帽子而看不见舞台，于是不少观众向剧场经理提出抗议。

剧场经理起初只是一味地请求女士们脱帽，但女士们谁也不理睬。后来，经理眉头一皱，计上心来，对女士们说："本剧场照顾年老的女士，只有她们可以不脱帽。"此言一出，剧场中所有的女士都摘下了帽子。

上面这个故事中，剧场经理抓住女士们都希望自己年轻貌美的心理需求而说出的话，让女士们乖乖地摘下帽子。因为剧场经理激起了她们维护自己年轻的心理需求。

以退为进，满足需求都是为了使隐晦的语言能够更好地发挥效用，因此，我们在说话时完全可以借助上面的表达方式，该明说的话要明说，不适宜明说的话要用隐晦的方式说出来。

软话有时更容易催人行动

倘若你能够站在别人的立场上，设身处地为对方着想，全面分析双方的利弊得失，适时地说一些软话，那么你便能够成功地打动对方的情感，从而达到自己的意愿。

由于说话态度不同，语言既可以成为建立和谐人际关系的强有力的工具，也可以成为刺伤别人的利刃。语言可以表现出一个人的人格。即使是语言比较笨拙的人，只要具有发自内心的关怀对方的心情，其心情就能在话语间充分流露出来。相反，如果没有发自内心的关怀的心情，即使用再多华丽的语言，也会被对方看穿。所以满怀真诚是最重要的。

在洽谈生意或求人办事时，应用真诚的说话态度，容易招人喜欢，被人接纳。入情入理的话，一方面显示说服者坦诚的态度；另一方面又尊重对方并为对方着想。这样无论在交易原则上，还是在人的情感上都达成了沟通，扩大了双方的共识，促使合作成功。

松下幸之助推销产品时碰到了一位杀价高手。他告诉对方："我的工厂是家小厂。夏天，工人在炽热的铁板上加工制作产品。大家汗流浃背，却努力工作，好不容易制出了产品，依照正常利润的计算方法，应当是每件××元承购。”

对方一直盯着他的脸，认真地听他说话。当松下幸之助说完之后，对方展颜一笑说道：“哎呀，我可服你了，卖方在讨价还价的时候，总会说出种种不同的话。但是你说得很不一样，句句都在情理之上。”

松下幸之助为什么会成功呢？其实，这在于他真诚的说话态度。他强调自己是依照正常的利润计算方法确定价格的。自己并无贪图非分之财之意，同时也暗示对方无讨价还价的余地。这就使对方调整角度，与其达成共识。

松下幸之助是一个煽情高手，他的语言充满了情感。他描绘了工人劳作的艰辛，创业的艰难，劳动的不易，语言朴素、形象、生动，语气真挚、自然，唤起了对方切肤之感和深切同情。正如对方所说的，松下幸之助的话“句句都在情理之上”，接受其要求自在情理之中。

一个人是成功还是失败，一个人的命运是一帆风顺还是曲折不断，跟他的处世方式有着极大的关系。只要你会说话，将说话与处世的方法有机地结合在一起，就能建立良好的人际关系。真诚说话不应是一种技巧，而应是人在社会上的立身之本，在这种本位下，说出的每句话都是闪烁着朴实的光泽的，易于被人接受。

在我们与人交谈时，必须秉持着一颗“至诚的心”，不要流于巧言令色、油嘴滑舌，要根据时间、场所和对象的不同，将自己最好的一面通过“说话”表达出来，如此才能建立良好的人际关系，使自己融入群体之中。

许多年以来，奈佛先生一直想把燃料卖给一家大连锁店。但是这家连锁店一直向外地购买燃料，运货的路线正是从奈佛先生办公室的门口经过。奈佛先生有一天在卡耐基的课堂上大发牢骚，并大骂这家连锁店。

当他向卡耐基说出自己的心事后，卡耐基建议他改变战略。首先，他们准备在课堂上举行一次辩论会，主题就是连锁店的广布，对国家害多益少。于是卡耐基建议奈佛先生加入反方，他同意了。由于要为连锁店辩护，奈佛便去拜访他原本瞧不起的连锁店经理，告诉他“我不是来推销燃料的，我是来找你们帮个忙”。他说清来意后，并特别强调：“我来找你，是因为我想不出还有其他人更能提供给我事实。我很希望能赢得这场辩论，无论你提供什么给我，我都十分感激。”奈佛先生后来回忆说：“我原先只要求这位经理拿出一点时间，所以他才同意见我。当我把事实说出之后，他指着一张椅子要我坐下，我们聊了一个多钟头。他还请来另一位主管——这位先生写过一本有关连锁店的专论。他觉得连锁店提供了最真实的服务，他也以自己能够为许多社区服务为荣。当他侃侃而谈的时候，两眼发亮，我也不得不承认他的确让我明白了许多事。他改变了我整个心态。

“在我离去的时候，经理陪我走到门口，用手揽住我的肩膀，祝我辩论得胜，并且让我再去看他，让他知道辩论的结果。最后，他对我说：‘春天来的时候请再来看我，我很愿意向你买些燃料。’这真是奇迹，他居然主动提起买燃料的事。由于我对他们连锁店的关心，使他也转而关心我的产品，从而能在这两个钟头里，达成十年来所不可能的目标。”

倘若你能够站在别人的立场上，设身处地为对方着想，并且全面分析双方的利弊得失，语气亲切随和、态度真诚、不卑不亢、入情入理，那么你便能够成功地打动对方，从而达到自己的意愿。

求人帮助前，说别人认同的话

要想说好让别人认同的话，就要时刻关心对方的需要，并且想方设法地满足对方的这种需要。只有立足于对方的需要，才能说出获得对方认同的话。

假如你丢了钱包，身无分文，向路人求助时，很容易想象他们脸上惊讶、害怕甚至有点怀疑的表情。在这个信用些许缺失的年代，我们很难相信一个陌生人的求助。所以，如果要获得他人的帮助，必须要获得他人的认同。

亨廷顿曾指出，不同民族的人们常以对他们来说最有意义的事物来回答“我们是谁”，即用“祖先、宗教、语言、历史、价值、习俗和体制来界定自己”，并以某种象征物作为标志来表示自己的文化认同。在这里，认同不仅仅指的是文化和民族方面的认同，更重要的是对信任感的认同。如果他人对你连起码的认知和信任都没有，又怎么会帮助你呢？

战国时，水工郑国受韩国派遣，到秦国探听情报，不料被秦国逮捕，准备处置。行刑前，郑国要求参见秦王嬴政。他身戴重镣，被带到秦廷。秦王嬴政喝问：“奸细郑国，你承认有罪吗？”郑国说：“是的，我的确是韩国派来的奸细。我建议您兴修水利，确实是为了消耗秦国的民力，延缓韩国被吞并的时间。然而兴修水利，难道不是对秦国万分有利吗？”秦王嬴政想了想，觉得此言确实有理，郑国又说：“现在，关中水利工程即将竣工，何不让我将它完成，以造福万民呢？”秦王嬴政沉吟半晌，终于同意了他的要求。在郑国主持下，一项伟大的水利工程郑国渠终于完成了。

秦王嬴政的残暴是闻名于世的，想在他的刀口下活命都不容易，更何况得到他的支持？但由于郑国抓准了他的心理，取得了嬴政的认同，终于打动了他的心，不仅保住了性命，还得以完成了自己心目中的伟大工程。

信任感是互相认同的基础。如何获得他人的信任和认同呢？以下几点可供借鉴：

必须注意自我修养，善于自我克制；做事必须诚恳认真，建立起良好的名誉；应该随时设法纠正自己的缺点；行动要忠实可靠，做到言出必有信，与人交易时必须诚实无欺，这是获得他人信任的最重要条件。

勤奋刻苦，脚踏实地。夸夸其谈的人给人以不安全感，说得好不如做得好。时间一长，你的浮夸将被人看穿，恐怕肯向你伸出援助之手的人也就敬而远之了。

很多人能获得成功靠的就是获得他人的信任。今天，仍然有许多人对于获得他人的信任一事漫不经心、不以为然，不肯在这一方面花些心血和精力。这种人可能用不了多久就要失败。

要获得他人的信任，除了要有正直诚实的品格外，还要有敏捷、正确的做事习惯。即使是一个资本雄厚的人，如果做事优柔寡断、头脑不清、缺乏敏捷的手腕和果断的决策能力，那么他的信用可能维持不住。一个人一旦失信于人一次，别人就再也不愿意和他交往或发生贸易往来了。

人类仿佛有一种共同的心理，那就是如果有人能使我们感到高兴喜悦，即使事情与我们的心愿稍有相悖也不太要紧。求人帮助时，你要学会针对别人感情的弱点，与别人产生共鸣，只有这样，你的求助才能达到预期的结果。其实一件事情，能做的人是很多的，但智商水平很高的人往往却做不了，原因在于他们过于相信自己的智力，而忽略了对方的感情。

能博得他人的欢心，获得他人的信任，是求人帮助时必不可少的。要想做到这一点，首先一条就是要有一种令人愉悦的态度，脸上带着笑容，行动轻松活泼。无论你内心中是否对别人有好意，但如果人们从你的脸上看不到一点快乐，那么谁也不会对你产生好感。

暗中智取，让他人无法拒绝

学会说话，从而使他人难以拒绝我们的请求。

一个法律系的教授告诉他的学生：“当你盘问证人席的嫌犯时，不要问事先不知道答案的问题。”因为辩护律师如果不事先知道答案就盘问证人，会为他自己惹来很多麻烦，同样的情形也适用于向人求助时。因此，绝对不要问只有“是”与“否”两个答案的问题，除非你十分肯定答案是“是”。

例如，金牌销售不会问客户：“你想买双门轿车吗？”他会这样说：“你想要双门还是四门轿车？”

如果你用后面这种二选一的问题，你的客户就无法拒绝你。相反，如果你用前面的问法，客户很可能会对你说：“不”。下面有几个二选一的问题：

“你比较喜欢3月1日还是3月8日交货？”

“发票要寄给你还是你的秘书？”

“你要用信用卡还是现金付账？”

“你要红色还是蓝色的汽车？”

“你要用货运还是空运的？”

面对这样的提问，无论客户选择哪个答案，业务员都可以顺利做成一笔生意。你可以换个角度站在客户的立场来想这些问题。如果你告诉业务员你想要蓝色的车子；你会开票付款；你希望3月8日请货运送到你家之后，就很难开口说：“噢，我没说我今天就要买。我得考虑一下。”

养成经常这样说的好习惯：“难道你不同意……”这样，在求助别人，想要借别人的力量成我们的事时，我们就可以脱口说出这样的话，让对方难以拒绝。

例如：“难道你不同意这是一部漂亮的车子？”“难道你不同意这块地可以看到壮观的海景？”“难道你不同意你试穿的这件貂皮大衣非常暖和？”“难道你不同意这价钱表示它有特有的价值？”此外，当客户赞同你的意见时，也会衍生出肯定的回应。

其实，在进行推销活动时，如果能及时问些需要客户同意的问题，将会产生特别的效果。

当某家的先生、太太和十二个小孩共乘一辆车子上街买东西时，一位汽车推销员问这位太太：“遥控锁是不是最适合你家？”她通常会同意销售员的看法。

接着销售员继续说：“我打赌你也喜欢四门车。”因为他们是个大家庭，他知道他们只能考虑四门车。而夫人会说：“哦，是的，我只会买四门车。”在一连串对车子性能的探讨之后，这位先生猜想他太太有意买车，因为她对销售员的看法一直表示赞同。

如果你面对的是两个以上的客户或一群生意人时，先说服有支配权的那个人，是非常有效的方法——如此一来，其他人也会跟着点头同意。

其实，你在分析判断谁才是这群人的“领导者”之前，你就应该掂量掂量每个人的分量。一般情况下，他是唯一一个你需要说服的人。当你说服了他时，你的生意也就算成功了。

第三章 说话会绕弯子，做事少碰钉子

巧用暗示，拒绝也不得罪人

众所周知，“不”字是很难说出口的，但很多时候我们不得不去拒绝别人。许多人都苦于找不到合适的办法，其实通过暗示来说“不”是一种不错的选择。当然这种暗示可以是语言的暗示，也可以是身体动作的暗示。

美国出版家赫斯脱在旧金山办第一张报纸时，著名漫画大师纳斯特为该报创作了一幅漫画，内容是唤起公众来迫使电车公司在电车前面装上保险栏杆，防止意外伤人。然而，纳斯特的这幅漫画完全是失败之作。发表这幅漫画，有损报纸质量。但不刊发这幅画，怎么向纳斯特开口呢？

当天晚上，赫斯脱邀请纳斯特共进晚餐，先对这幅漫画大加赞赏，然后一边喝酒，一边唠叨不休地自言自语：“唉，这里的电车已经伤了好多孩子，多可怜的孩子，这些电车，这些司机简直不像话……这些司机真像魔鬼，瞪着大眼睛，专门搜索着在街上玩的孩子，一见到孩子们就不顾一切地冲上去……”听到这里，纳斯特从座椅上弹跳起来，大声喊道：“我的上帝，赫斯脱先生，这才是一幅出色的漫画！我原来寄给你的那幅漫画，请扔入纸篓。”

故事中，聪明的赫斯脱，通过自言自语的方式暗示纳斯特的漫画不能发表，让纳斯特欣然地接受了意见。

另外，通过身体动作也可以把自己拒绝的意图传递给对方。当一个人想拒绝对方继续交谈时，可以转动脖子、用手帕拭眼睛、按太阳穴以及按眉毛下部等漫不经心的小动作。这些动作往往意味着一种信号：我较为疲劳、身体不适，希望早一点停止谈话。显然，这是一种暗示拒绝的方法。

还有，微笑的中断、较长时间的沉默、目光旁视等也可表示对谈话不感兴趣、内心为难等心理。

某天，为了配合下午的访问行程，小王想把甲公司的访问在中午以前结束，然后依计划，下午第一个目标要到乙公司拜访。但是，甲公司的科长提出了邀请:“你看到中午了，一起吃中午饭吧？”

小王与甲公司这位科长平常交情不错，又是非常重要的客户。不能轻易地拒绝。但是，和这位爱聊天的科长一起吃中午饭，最快也要磨蹭到下午一点才能走。小王怎样才能不伤和气地拒绝呢？

答案就是在对方表示“要不要一起吃饭”之前，小王就不经意地用身体语言表示出匆忙的样子，如说话语速加快或自然地看看表等。

动作暗示确实是个非常不错的拒绝方式，但也要记住：暗示的时候千万不要提早露出坐立不安的神情，急得让人怀疑你合作的诚心。

毫不夸张地说，在现实生活中，你若想人际关系顺畅，一定要学会一套巧妙的暗示拒绝法，在短时间内表达出“不”的意思，把正事办妥，并且做到不伤和气地拒绝。

放枚“糖衣炮弹”，批评奏效不伤人

为人父母的朋友都知道，小孩很怕苦，所以吃药片的时候，加点糖水一起送入孩子口中，他们便会愿意服用。

与之类似，我们在批评别人时，直话直说很容易激起对方的愤恨。如果我们给自己的批评语言裹上一层“糖衣”，那么对方就会在享受甜蜜的同时欣然接受批评了。

战国时，晏婴是齐国一位善谏的大臣。齐景公的一匹心爱的马突然死去，齐景公非常伤心，一定要杀掉马夫以解心头之恨。众位大臣一起劝阻齐景公不可为一匹马而滥动刑罚，而齐景公却已铁定了心，众人的劝告一概充耳不闻。

这时，相国晏婴走了出来，众臣都以为晏婴也有劝诫齐景公的意思，谁也没有料到，晏婴却明确地表态说："这个可恶的马夫，该杀！"

齐景公十分高兴，就把那个心含冤屈的马夫喊来，听晏婴解释他的罪过。

晏婴历数马夫的3大罪状："你不认真饲马，让马突然死去，这是第一条死罪；你让马突然死去，却又惹恼君主，使君主不得不处死你，这是第二条死罪。"

听晏婴痛说马夫的前两条死罪，齐景公心中真是乐滋滋的。可晏婴话锋一转，说出了马夫的第三条罪状："你触怒国君因一匹马杀死你，使天下人知道我们的国君爱马胜于爱人。因此天下人都会看不起我们的国君，这更是死罪中的死罪，罪不可赦！"

听晏婴诉说马夫的第三条罪状，齐景公开始还连连点头咧着嘴笑。当晏婴说到"使天下人知道我们国君爱马胜过爱人"时，他张开的嘴却定在那里，脸上的表情也一阵红一阵白。晏婴又吆喝一声："来人，按大王的意思还不推出去斩了！"这时齐景公如梦初醒，赶紧对晏婴说道："相国息怒，寡人知错了。"

晏婴没有正面批评齐景公，却达到了劝谏救人的目的。可见，"裹着糖衣"的委婉批评会取得很好的效果。在这样的场合中，一方面，该说的话不能不说，根本利益不能牺牲，原则不可放弃；但另一方面，关系又不可弄僵，彼此的面子与和气不能伤害。所以，这就需要首先承认对方的实力、地位、权威，甚至他的道理，然后突然插入你的话锋，你的话虽委婉动听，但实际上却是对对手彻底的否定。

晏婴死了17年后，有一次齐景公请大夫们喝酒。景公射箭射到了靶子外面，满屋子的人却众口一词地称赞他。景公听后变了脸色，并叹了口气，把弓丢在一旁。

这时，弦章进来了。景公说："弦章，自从我失去晏婴到现在已经有17年了，从来没有听到别人对我过失的批评。今天我射箭射到了靶子外，他们却众口一词赞美我。"

弦章说："这是那些大臣不好。他们本身素质不高，所以看不到国君哪些地方不好；他们勇气不够，所以不敢冒犯国君的尊严。但是，您应该注意一点，我听说：'国君喜欢的衣服，那么大臣就会拿来替他穿上；国君喜欢的食物，大臣就会送给他吃。'像尺蠖这种虫子，吃了黄颜色的东西，它的身体就要变黄，吃了绿颜色的东西，它的身体就要变绿，作为国君，大概总会有人说奉承话吧！"

弦章的话在景公听来颇有道理，明白了奉承者不过是投自己所好，如果自己对奉承话深恶痛绝的话，就很少会有人来自讨苦吃了。弦章虽未直接批评景公喜欢听奉承话才造成如此局面，但通过以尺蠖为喻，以正常推理"作为国君，大概总会有人说奉承话吧！"为宽慰，使景公已深刻领悟到了这一点。事实上，若弦章再画蛇添足地批评景公一番，效果反而不好。

总之，批评他人之时，如果语气委婉，被批评者就会容易接受。因为对方认为你的委婉是给了自己"面子"，感激之余，就会积极地改正。反之，如果批评者语气生硬，对方就会认为你伤了他的"自尊"，从而心生反感，这样就不会达到批评、教育人的目的。

亡羊没关系，迂回去"补牢"

我们生活在一个人与人构成的社会当中，交流是必要的，既然要说话，难免有口误，说错话并不是少有的事。

但是，说完错话我们该如何收场呢？就把错一直留在那里不管吗？当然不行了，那样很容易使错误升级，为今后的路制造障碍。你一定听过亡羊补牢的成语故事，亡羊后重点在于怎么把“牢”补上。其实，说错话也是同样的道理。

当你在他人面前言行失误时，心里不要紧张和恐慌，这时关键是要施以巧言挽回失误。具体有3种方法可供参考：

1. 真心巧表，妙用修辞

南朝梁有个大臣叫萧琛，能言善辩。在萧衍还没有称帝时，他就与之交好。后来萧衍当了皇帝，两个人之间的关系还是很亲密。

有一次，武帝萧衍举行大型宴会，萧琛也参加了。酒过三巡后，萧琛有些醉意，就趴在桌子上。武帝见了，就用枣子投他，正好打中萧琛的头。萧琛抬起头，竟然不假思索地拿起食品盒里的栗子向武帝投去，正好打中武帝的脸。这时，旁边的官员都看到了，吓得大气都不敢出。武帝的脸也一下子沉了下来，刚要动气，萧琛急忙说道：“陛下把赤心投给臣，臣怎敢不用战栗来回报呢？”

武帝一听，转怒为笑。

这里，“赤心”是借用枣的形态作比喻的，“战栗”则是借用了“栗”的谐音。可以想象，如果萧琛不能机智快速地反应，及时想出了应答的办法，等待他的岂不是大祸临头！

在他人面前，尤其是职位比自己高的上司面前，做错了事，道歉并不总是唯一正确的选择。因为道歉过后，对方可能只是原谅了你，怨气消了不等于喜气来了，而如果能像萧琛这样，明明是做错了事，可短短一句话，不但消解了对方的怨气，而且还带来了喜气，岂不是更高明的选择？给自己的失误，加上一个美丽的修饰，错误反而成了向上司表达忠心的举动，难道不令人拍案叫绝吗？

2. 先恭维，再说道歉

余先生被调派到分公司工作了半年，一回到总公司，马上就赶着去问候以前很照顾他的老朋友陈科长。余先生对过去陈科长经常不辞辛苦地跑到分公司给予指导的事，反复地致谢，可是，不知怎么搞的，对方反应似乎很冷淡。

当余先生纳闷地走出门时，一名同事才过来告诉他："陈科长已经升为副处长了呀！"

不知道对方已经升官，依然用以前的职称称呼，可能会使对方的心里觉得不舒服。余先生顿时恍然大悟，后悔自己没有事先确认对方的职位是否已经有所变化，所以失了言，但说错的话已经收不回来，怎么办？他想了想，马上返回到陈处长的办公室，开口说："陈处！真是恭喜您了！您也真是的，刚才也不告诉我一下。我在分公司难免消息不灵通。不过，错漏您升官的消息，总是我的不是，真对不起，请原谅！"

像这样明白地讲出来，并把衷心的祝贺表达出来，自然也就化解了陈处长心中的不快。

犯了类似无心之过时，先用甜言蜜语恭维一番对方，再真诚地分析你的失误，表示你的歉意，不失为消除对方心中不快的好办法。

3. 坦率道歉

有一次小王在和同事聊天时，开玩笑地说上司像个机器人，不巧的是正好被上司听到了。于是，小王给上司写了一张条子，约他抽空谈一谈，上司同意了。

"显而易见，我用的那个词绝无其他用意，我现在倍感悔恨。"小王向上司解释道，"我之所以用'机器人'之类的字眼，只不过想开个玩笑，我感到您对工作一丝不苟，但对我们有些疏远，因此，'机器人'三个字只不过是描述我这种感情的一种简短方式。请您谅解！以后我会注意自己的表达方式。”

上司为小王合情合理的解释和自我批评的行为而深受感动，他甚至当即表态，说要努力善解人意，做个通情达理的领导。

小王的坦率道歉，让他和上司的关系化干戈为玉帛。有些人在对上司说了不敬的话后，往往会一味地自我谴责甚至自我羞辱，然后低声下气地去道歉。但许多情况下，仅靠一句“对不起”不会取得对方的谅解。道歉要坦率，更重要的是，要通过道歉把问题讲清楚，只有这样才能促成和对方的充分沟通，从而顺利解决自己言行失误带来的感情危机。

人在交际圈，遇到和他人之间的不愉快，尤其是因为自身原因引起的，你千万不要刻意回避，不要认为难以启齿或碍于情面而使解释的时间越拖越长。要知道，这样会使误会越陷越深，到最后无限制地拖延造成令人更加苦恼的后果；而且拖的时间越长，你就越被动。你的损失就越来越大。鼓起勇气，迂回地去“补牢”，才是明智之举。

学会尊重，私底下指出别人的缺点

每一个人都难免有缺点，并且可能在不同的场合表现出某种缺点来，破坏气氛。面对这种情况怎么办，是当场指出别人的缺点，还是先忍下，等到私底下再指出来？作为讨人喜欢的说话方式，私下指出应该是面对别人缺点采取行动的第一步。但有的人却常常要么容忍别人的缺点，要么就直接对外宣扬，让别人下不来台。这里的教训实在值得我们思考。

做人要拥有一颗宽容的心。“金无足赤，人无完人”，记得有位专家就说过，不要苛求别人的完美，宽容让你自己不断完美起来。在别人的某些缺点比较严重时，我们应该以私下谈心的方式委婉指出，急风暴雨不如和风细雨，当场训斥不如私下平心静气、施以爱心。只有我们拥有了一颗宽容的心，别人才能感受到真诚，在我们指出他们缺点的时候才能心悦诚服地接受。

在朋友之间，指出对方的缺点总是要担负伤和气的风险，但作为朋友应该承担这种风险。风险有大有小，关键是用的方法适当与否。从小处说，就是在私底下指出别人缺点。人总是要讲点面子的，指出缺点更应该顾及对方的面子，说话尽可能婉转一些，尤其不要当众给朋友生硬“挑刺”。即使在私下场合指出缺点和错误，也应充分考虑如何让对方愉快接受，最好先聊聊其他事情，以便在沟通感情、融洽气氛的基础上再婉转地指出问题。

指出缺点更多时候是发生在角色地位并不平等的人之间，比如上司对下属，老师对学生。这些情况下可以公开指出缺点吗？当然不应该，照样应该维护下属和学生的面子。

当员工违背明确的规章制度时，当然应当众指出其过错，在让他认识到缺点错误的同时，也可对其他人起到警示作用。假若员工在工作上出现小小的失误，而且不是有意的行为，可在私下为其指出来，或以含蓄、暗示的方式使其意识到自己的缺点。这样既能维护他的面子，又能达到帮他改正缺点的目的。

要时常反问自己：“处理这件事最合乎人性的方法是什么？”当员工把事情弄糟了，有的领导者会把犯错误的员工当着其他员工甚至是这个员工的下属一通训斥。而人性化的领导者会在私下里跟员工谈心，指出员工缺点，并且帮助他们找出适当的方法去做好事情，并且会肯定他们已经做得很好的部分，以免让这些员工丧失信心。

所以作为上司，假如说下属真的表现出了比较严重的缺点，一般应私下单独找他谈话，指出来，引导他今后如何正确处理类似的问题及注意事项，避免再犯同样的错误。只有这样，下属有问题才愿找上司反映或沟通谈心。这样一来就在员工心中树立了一个良好的形象。

作为老师，对学生的缺点也要有一些“春秋笔法”。

刘老师班上有个女生很优秀，一段时间看到别人比自己成绩好，心里有些不平衡。刘老师通过网上聊天工具和她聊天，直言不讳。这个女生很感激，情绪理顺了。对其他有缺点的学生，刘老师也尽量采取类似方法。一位教育专家这样评价刘老师：刘老师这样做是讲策略，育人工程最艰辛，关键要用心！

有一次，刘老师经过教室，听到一位同学用粗话骂老师，他装着没听见，事后私下把那同学请到办公室，告诉他老师已经听到他说的那句话，但不想当着全班人来批评，是为了尊重他。听完老师的话他很诚恳地承认了错误并向老师道歉，后来变得很有礼貌了。试想，如果刘老师当时走进教室狠批一顿，不但自己下不了台，有可能换来学生更难听的粗话。

所以，尊重别人，在私底下指出其缺点，既是对别人的关爱，也会赢得别人对你的尊重。

用谦虚的态度和人说话

中国人自古以来视谦虚为美德，虽然有人将其视为“虚伪”，但不谦虚的人还是很难获得大家的一致认同。我们心里面可以很自信，多数时候还是要谦虚一些，尤其是要用谦虚的态度和人说话。

首先，不目空一切、居功自傲。

有的人做出一点成绩、取得一点进步，就飘飘然起来，跟谁说话都趾高气扬，到处夸耀自己，搞得大家都为之侧目。

小杨是一家广告公司的职员，他设计的一件平面广告作品得了一项大奖，经理在员工会上好好表扬了他一番，并让他升任主管。小杨认为自己是个人物了，从此以“专家”自居。一次经理接到一个平面设计任务，请小杨来评价评价。小杨唾沫飞溅地说了半个小时，把作品批得体无完肤，最后结论是：应该返工重来。经理对这个设计本来比较满意了，听了小杨的话极不高兴，从此疏远了他。

又过了两年，公司里另一个职员小石也得了广告大奖。他吸取了小杨的教训，说话非常谦虚，态度和善，很得大家喜欢。

其次，要适当使用敬语。

敬语能表现说话者对对方的态度，因此，对听话者来说，可以根据对话是否使用敬语，了解到对话人把自己置于什么地位。例如，科长想请新职员去喝酒，叫道："你也来吧！"如果职员回答"好，去"会怎样呢？科长会认为新职员不理解对上司应使用的语言，看低了自己，内心是不会平静的。这样一来，科长就会用另一种眼光看他。由于没有使用敬语，招致对方改变对自己的态度，日后人与人之间的关系将会变得微妙。

常常听到有人说"近年来年轻人连敬语的使用方法都不知道，真可气"，这就是虽然本人没有恶意，但由于没有使用适当、确切的敬语，致使人与人之间的关系产生了风波的明证。

与其相反，使用适当的敬语，双方不仅能正常地保持人际关系，还会提高别人对你的评价。特别是对女职员来说，更是如此。有人说："适当的时候，使用适当的敬语对女性来说，是语言之美的至高境界。"的确这样。想想看，与前述相同的场面，如果对于"你来！"回答说："好，一定参加。"就会让人舒心。心目中对上司抱着什么态度，从语言中可以大体看出来。这种语言的运用，可以协调上级与部下、年长者与年轻者之间的关系，使听的人感到舒服。因为那种语言会使人感觉到有教养，感情丰富，教育得好。

最后，要请人评判自己的意见。

我们可以看到，有许多真正伟大的人物，总是很谦虚地请别人评判自己的意见，因而获得别人的赞同。以谦虚的态度表示独断的见解，对使别人信任我们的意见及计划都很有效用；我们知道多数成功的领袖，常常应用这个策略。

有的时候也需要争辩。比如两个喜欢辩论的朋友，经过一次的辩论，也许对于双方都是有益而愉快的。

美国威尔逊总统曾经对鲍克接连问了一小时的问题，使得他不得不拥护在他自己看来绝对相反的意见。但到了末了，威尔逊使鲍克感到吃惊的是：他告诉鲍克，他已经改变了主意，他已经醒悟了，而从另外一个观点去观察这个问题。鲍克非常吃惊，从此对威尔逊更加敬重了。

这种策略，可以当作能够引起友爱的一种方式，但不可说是常例。总之，别人可能在种种方面与我们意见不同，这是可以预料的事情，你如果认为和他争辩之后，还能请他来评判一下自己的意见，他就会认为你是个谦虚的人，而对你的印象更为良好。

反驳也要给别人留面子

1961 年 6 月，英国退役陆军元帅蒙哥马利访问中国。一次在河南洛阳参观，他好奇地走进一家剧院，剧院正在上演豫剧《穆桂英挂帅》。当他了解该剧的剧情后，连连摇头，说："这个戏不好，怎么能让女人当元帅？"于是，他和中方陪同人员发生了一个小小的争论。开始时，中方陪同人员解释说："这是中国的民间传奇故事，人们很爱看。"

蒙哥马利立即断言："爱看女人当元帅的男人不是真正的男人，爱看女人当元帅的女人也不是真正的女人。"

中方陪同人员说："我们主张男女平等，男同志能办到的事，女同志也能办到。中国红军里就有很多女战士，现在的解放军里还有位女少将呢！"

蒙哥马利毫不退让："我一向对红军、解放军很敬佩，但不知道解放军里还有一位女少将。如果真的是这样，会有损解放军声誉的。"

中方陪同人员反驳说："英国女王也是女性。按照英国的政治体制，女王是英国的国家元首和全国武装部队的总司令，这会不会有损英国军队的声誉呢？"

蒙哥马利突然语塞，无话可说了。显然，他对这个争论的结局，感到有些难堪，心中的不悦之感是可想而知的。

在社交中，谁都可能不小心弄出点小失误，比如念了错别字，讲了外行话，记错了对方的姓名职务，礼节有些失当，等等。懂得说话的人如发现对方出现这类情况时，只要是无关大局，就不会对此大加张扬，故意搞得人人皆知，使本来已被忽视了的小过失，一下变得显眼起来。更不会抱着讥讽的态度，以为"这回可抓住笑柄了"，来个小题大做，拿人家的失误在众人面前取乐。因为这样不仅会使对方难堪，伤害其自尊心，惹其反感或报复，而且也不利于自己的社交形象，容易使别人在今后的交往中敬而远之，产生戒心。

会绕圈子才能左右逢源

我国传统文化，是很讲究绕圈子的。尤其是在中国封建时代的官场都是"伴君如伴虎"，不会"绕圈子"的人，有时容易吃亏，深谙此道的人或许能左右逢源。

汉元帝刘奭上台后，将著名的学者贡禹请到朝廷，征求他对国家大事的意见。这时朝廷最大的问题是外戚与宦官专权，正直的大臣难以在朝廷立足，对此，贡禹不置一词，他可不愿得罪那些权势人物。贡禹只给皇帝提了一条，即请皇帝注意节俭，将宫中众多宫女放掉一批，再少养一点马。

其实，汉元帝这个人本来就很节俭，早在贡禹提意见之前已经将许多节俭的措施付诸实施了，其中就包括裁减宫中多余人员及减少御马，贡禹只不过将皇帝已经做过的事情再重复一遍，汉元帝自然乐于接受。于是，汉元帝便博得了纳谏的美名，而贡禹也达到了迎合皇帝的目的。

《资治通鉴》的作者司马光对贡禹的这种做法很不以为然，他批评说："忠臣服侍君主，应该要求他去解决国家所面临的最困难的问题，其他较容易的问题也就迎刃而解了；应该补救他的缺点，他的优点不用说也会得到发挥。在汉元帝即位之初，向贡禹征求意见时，他应当先国家之所急，其他问题可以先放一放。就当时的形势而言，皇帝优柔寡断，谗佞之徒专权，是国家亟待解决的大问题，对此贡禹一字不提。恭谨节俭，是汉元帝的一贯心愿，贡禹却说个没完没了，这算什么？如果贡禹不了解国家的问题，他算不上什么贤者，如果知而不言，罪过就更大了。"

司马光可能忽视了，古代的帝王在即位之初或某些较为严重的政治关头，时常会下诏求谏，让臣下对朝政或他本人提意见，表现出一副弃旧图新、虚心纳谏的样子，其实这大多是一些故作姿态的表面文章。有一些实心眼的大臣十分认真，不知轻重地提一大堆意见，这时常招来嫉恨，埋下祸根，早晚会受到帝王的打击报复。但贡禹十分精明，他专拣君上能够解决、愿意解决，甚至正在着手解决的问题去提，而回避重大的、急需的、棘手的问题，这样避重就轻，避难从易，避大取小，既迎合了上意，又不得罪人，表明他"绕圈子"的技巧已经十分圆熟老到了。

相反，大凡那些喜欢直来直去，不会"绕圈子"的人，常常会吃亏。因为你针锋相对地进行争执和批驳，对方很难从内心真正接受，还可能使自己"惹火上身"，因此在说话表达和行事方式上学会一些手法，效果就好多了。

面对有意刁难，要化被动为主动

在应酬场上，你难免会遇到一些刁钻古怪的人，他们会进行刁难。如果你恼羞成怒，对刁难者进行指责，就会激起对方的反击，由此引发“战争”，就落入他人为你设下的圈套了。但如果你表现得过于温和，又会让对方觉得你是一个软弱易欺的人，没准还会找机会再刁难你。

一次记者招待会上，一位西方记者突然对周总理提出一个问题：“中国有没有妓女？”这是个非常严肃的问题，关系到我们国家的声誉，甚至还可以联系到社会主义制度与资本主义制度的问题，回答当然应该是：“没有，绝对没有！”周总理先巧妙地设计了一个圈套，微笑着对那位记者说“有”，全场马上出现一些骚动，许多记者把脖子仰起，期待下面更具体的答案。周总理话锋一转，说：“在中国的台湾省。”如此巧妙的回答，真是一箭双雕！

面对西方记者的有意刁难，周总理没有落入他设下的圈套中，而是凭借自己的机智作出了巧妙回答，让那位西方记者的险恶用心落了空，维护了国家的尊严。

不仅是从政者，社交人士也需要掌握一些应酬技巧，巧妙应对别人的有意刁难，才能既保住自己的面子，又不至于因回敬过头而显得失礼。

1. 装糊涂

应酬时，有时会遇到某些人针对一些细微的事情对你发难，存心要让你难堪，意图让你成为全场的笑话。这时，如果你和他针锋相对，就会中了他的激将法，丧失了自己的风度。你不妨揣着明白装糊涂，全当不懂对方的话，让对方的预期心理落空，自讨没趣。

2. 用一个反问来作答

应酬场上，有些人就是喜欢抛给别人两难问题，喜欢看别人左右为难的样子。这时，与其在是与不是两个答案中左右为难，不妨把这个问题直接抛回给对方，来一句："不知您的看法如何呢？"

3. 以相同思维反击

应酬中，当面对别人的有意刁难，你不能直接回答时，不妨采用与对方一样的思维，照他的逻辑，再设一个相同句式的问题来反问他，请君入瓮，这样就可以巧妙地把球踢还给对方，让他也尝尝这左右为难的滋味。

此外，在面对他人的有意刁难时，我们应先有意放松、消除对方的戒备心理，为能牢牢地把握主动权打好基础，等到对方上钩了，再予以反击，令对方措手不及。

总之，应酬时，当我们遇到别人的有意刁难时，一定要保持沉着冷静的心态，化被动为主动，才是商务应酬达人的最佳应酬法。

难言之隐，一喻了之

人总有难言之隐，不便说道，然而偏偏有人要苦苦相逼。在这种时候，巧用比喻来道明心机，就能轻松化解尴尬的局面。有些比喻通俗易懂而又思想深刻，表情达意，恰到好处。

惠施在梁国当了宰相，庄子准备去会会他这位好朋友。有人急忙报告惠子，说："庄子来这里，是想取代您的相位呀。"惠子很恐慌，便要阻止庄子，于是派人在国内搜了三天三夜。哪知道庄子从容而来拜见他说："南方有一种鸟，名字叫作凤凰，不知道您听说过吗？有只凤凰展翅而飞后，从南海飞向北海，非梧桐不栖，非竹实不食，非醴泉不饮。这时，有一只猫头鹰正在津津有味地吃着一只腐烂的老鼠，恰好凤凰从其头顶上飞过。猫头鹰急忙护住腐鼠，仰头视之道：'吓！'现在您也想用您的梁国来吓我吗？"

庄子视惠施的权贵如腐鼠，根本不把它放在眼里。要是直接说："你的荣华富贵我根本就看不上眼。"那难免会使双方都难堪。以一个比喻简单明了地表明自己的想法，淋漓酣畅，透彻明晰。庄子是一位非常善于利用比喻来说话的人。

一天，庄子正在涡水垂钓。楚王派了两位大夫前来聘请他。见面后他们对庄子说："我们大王久闻先生贤名，欲以国事相累。深望先生欣然出山，上以为君王分忧，下以为黎民谋福。"庄子持竿不顾，淡然说道："我听说楚国有一只神龟，被杀死时已经有三千岁。楚王把它珍藏在竹箱里，盖上了锦缎，供奉在庙堂之上。请问二位大夫，此龟是宁愿死后留骨而贵，还是宁愿生时在泥水中潜行曳尾呢？"二大夫道："自然是愿活着在泥水中曳尾而行啦。"庄子说："那么，二位大夫请回去吧！我也愿在泥水中曳尾而行。"

两位大夫亲自来请，"不想去"这样的话肯定不好说出口，因此庄子以"宁为龟"来表示自己对自由的向往。

一天，庄子身着粗布补丁衣服、脚穿破鞋去拜访魏王。魏王见了他便问道："先生怎么会如此潦倒呢？"庄子说："是贫穷，不是潦倒。士有道德而不能体现，才是潦倒；衣破鞋烂，是贫穷，不是潦倒，此所谓生不逢时也！大王您难道没见过那腾跃的猿猴吗？如果在高大的楠木、樟树上，它们就会攀缘其枝而往来其上，逍遥自在，即使善射的后羿、蓬蒙再世，也无可奈何。可要是在荆棘丛中，它们则只能危行侧视，怵惧而过了，这并非其筋骨变得僵硬不柔软、灵活了，而是处势不便，未足以逞其能而已。现在我处在昏君乱相之间而欲不潦倒，怎么可能呢？"

对政治的不满，满腹的苦楚，能随意倾吐吗？不能。庄子又一次运用了一个美妙到无以复加的比喻来诠释自己的内心，可谓是譬喻高手。

在我们的日常生活中，特别是工作中，经常需要处理一些人与人之间的关系。特别是在私企中，规章制度比较严格，老板觉得你不顺眼或者你偶尔工作不到位就有可能被解聘。虽然工作中的许多问题是由老板的失误造成的，但责任却要算到你头上，这时你就要考虑怎么做一个周全的解释了。

很多时候会遇到正副职两位领导不和，到底听谁的？在这种情况下，如何保存自己呢？可以采用间接说理的方法，既能收到应有的效果，又会使当事人不至于太难堪。

小董在某外企打工，待遇等各方面都很不错，小董也非常精明能干。可有一件让人头疼的事，就是他的两个顶头上司不和，因此经常就同一件事情向小董发出不同的命令，弄得小董无所适从，当然也就影响到他的工作进度。有一天，小董接到两个上司相互矛盾的命令，因此没有按时完成任务。恰好碰到公司老总来视察，见状把小董批评了一番。小董并未向老总诉说冤屈，只是笑着说："我想问您一个问题，您和我的两个上司这'三驾马车'是不是朝着同一个方向行驶的呢？"老总说："那当然是。"小董又说："如果您手下的这'两驾马车'，分别朝着两个方向行驶，那您应该朝着哪个方向行驶呢？"老总听完这话，明白了其中的含义，看了看小董的两个上司，两个人顿时觉得很不好意思。小董巧借比喻摆脱了"两头不是人"的境况，化解了自己的困境，以后工作起来自然顺利多了。

小卢在某汽车公司工作，他是有名的老好人，也就是叫干什么就干什么的人，所以，他的上司们，不管是工长还是组长、车间主任，都把他支来支去。时间长了，他终于忍受不住了。一次，在经常支使他的上司都在的时候，小卢对他们说："请问各位领导，究竟你们是章鱼还是我是蜈蚣？"几位领导一听，不对，这分明是话里有话，于是就问："谁得罪你了？"小卢笑了笑说："这样吧，我给你们讲个笑话。有一条章鱼，它十分苦恼，不为别的，只为自己生了8条腿，于是它便请教蜈蚣，'老兄呀，你说你有这么多条腿，请问你是怎么安排它们的工作的？'蜈蚣笑道：'你真愚蠢，我从来就没有特意安排它们，只是任凭它们各司其职罢了。'请问几位领导，我们是不是应该向蜈蚣先生学习呢？"几位领导一听，嘴里不说，心里都明白是怎么回事了，于是再也不像过去那样对小卢指手画脚了。

巧妙地使用比喻，使用含沙射影的方法，给造成尴尬的人提个醒，既保留了他人的面子，又达到了自己的目的、维护了自己的权益。

装作不知道，说得更奇妙

实习期间，一位实习老师在黑板上刚写了几个字，学生中突然有人叫起来：

“老师的字比我们李老师的字好看！”

这句话真是语惊四座。稚幼的学生哪能想到此时后座的班主任李老师该多么尴尬！对这位实习生来说，初上岗位，就碰到这般让人难堪的场面，的确使人头疼，以后怎样同这位班主任共度实习关呢？怎么办？转过身来谦虚几句，行吗？不行！这位实习生灵机一动，装作没有听到，继续写了几个字，头也不回地说：

“不安安静静地看课文，是谁在下边大声喧哗？”此语一出，后座的李老师紧张尴尬的神情顿时轻松多了，尴尬局面也随之消除。

这里的实习老师巧妙地运用了“装作不知道”的技巧，避实就虚，避开“称赞”这一实体，装作没有听清楚，而攻击“喧哗”这一虚象。既巧妙地告诉那位班主任“我根本没有听到”，又敲打了那位学生的称赞兴致，避免了学生误认为老师没有听见可能再称赞几句，从而再次造成尴尬的局面。

“装作不知道”，就是指对别人的话装作没有听到或没有听清楚，以便避实就虚、猛然出击的处理问题的方式。它的特点是：说辩的锋芒主要不在于传递何种信息，而是通过打击、转移对方的说辩兴致使之无法继续设置窘迫局面，化干戈为玉帛，能够寓辩于无形，不战而屈人之兵。当然唯有具有较深阅历的人方能达到这种效果。在人际交往中，这种方式的使用场合很多。

英国前首相威尔逊在一次竞选演讲中遭到一个捣乱分子的挑衅。演讲正在进行，捣乱分子突然高声喊叫："狗屁！垃圾！臭大粪！"这个人的意思很明显，是骂威尔逊的演讲臭不可闻，不值得一听。但是威尔逊不理会他的本意，只是报以容忍的一笑，安慰他说："这位先生，我马上就要谈到你提出的环境脏、乱、差问题了。"随之，听众中爆发出掌声、笑声，为威尔逊的机智妙答喝彩。

别人的刻薄攻击，不仅可以当作耳旁风，而且还能对其反讽一番，这就叫"装作不知道，说得更奇妙"。

对于一些敏感性问题，提问者一般不直接就问题的本质提出质疑，而是从其他貌似平常的事物着手，旁敲侧击地进行诱导性询问。这时，我们可以故意装作不懂对方的真正用意，而站在非常表面的、肤浅的层次上曲解其问话，并将这种曲解强加给对方，使对方意识到我方的有意误解实际上是在表达委婉的抗议和回避，从而识趣地放弃自己的追问。

1975 年，周恩来总理在医院会见泰国总理克立·巴莫先生，当他们道别时，克立总理说："可以问最后一个问题吗？"

"请。"

克立含笑注视着周总理，确切地说，是注视着周总理的前胸。

"这次访问贵国，"克立说，"我发现了一个小小的变化：人们几乎都不戴毛主席像章了。1971 年我来北京时，每个人都戴着像章。"

"这是您的问题？"

"不，"克立的笑容有些神秘，"问题是关于阁下您的。'文化大革命'开始时，人们都戴着毛主席的像章，而您只戴'为人民服务'的纪念章，即使是 1971 年'革命'最热烈的时候您也如此；而在人们不戴像章的时候，您为什么还戴？您又为什么把'为人民服务'的纪念章换成了毛主席像章？"

周总理说："克立先生对中国的像章很有兴趣。我知道您想要我这枚像章，送您了。”

克立总理想要知道周恩来总理对中国政局变化的明确反应，这是一个敏感性的政治问题。他以周恩来胸前佩戴的像章发生变化为理由，从侧面向周恩来诱导询问。周总理弄清了他的意图后，避开问题的实质，故意把克立的意思理解为他想得到自己的这枚像章，并慷慨相送。在这种情况下，哭笑不得的克立除了接受这份意外的礼物之外不能再说什么了。周恩来以自己的智慧取得了外交上的又一次胜利。

在人际交往中，有许多场合都可以使用“装作不知道”的办法，躲开别人说话的锋芒，然后避实就虚、猛然出击。其技巧关键在于躲闪避让的机智，虽是“装作”，正如实施“苦肉计”一样，却一定要表演得自然。

话不投机，及时转弯

在日常生活和社会交往中，尤其是在比较正式的场合，如聚会、会议等常会出现冷场现象，彼此都尴尬。冷场，在人际关系中，它无疑是一种“冰块”。打破冷场的技巧，就是及时融化妨碍交往的“冰块”。

谈话者之间存在以下几种情况时，最容易因“话不投机”而出现冷场：

（1）彼此不大相识；

（2）年龄、职业、身份、地位差异大；

（3）心境差异大；

（4）兴趣、爱好差异大；

（5）性格、素质差异大；

（6）平时意见不合，感情不和；

（7）互相之间有利害冲突；

（8）异性相处，尤其单独相处时；

（9）因长期不交往而比较疏远；

（10）均为性格内向者。

谈话出现冷场，双方都会感到尴尬。但只要谈话者掌握住了破“冰”之术，及时根据情境设置话题，冷场是很容易被打破的：

1. 要学会拓展话题的领域

开始第一句话要注意的是使人人都能了解，人人都能发表看法，由此再探出对方的兴趣和爱好，拓展谈话的领域。如果指着一件雕刻说“真像某某的作品”，或是听见鸟唱就说“很有门德尔松音乐的风味”，除非知道对方是内行，否则不仅不能讨好，而且会在背后挨骂的。

如果不知道对方的职业，就不可胡乱问，因为社会上免不了有人会失业，问他人的职业无异于迫他自认失业，这对自尊心很重的人来说是不太好的。如果你想开拓谈话的领域而希望知道他的职业，只能用试探他的方法：“先生常常去游泳吗？”如果他说“不”，你就可以问他是否很忙，“每天上哪儿消遣最多呢？”接下去探出他是否有固定工作。如果他回答“是”，你便可加上一句问他平时什么时候去游泳，从而判断他有无职业。如果他说是星期天或每天下午 5 时以后去，那无疑是有固定工作。

确定了别人有工作，才可问他的职业，这样就可以谈他工作范围内的事情。如果不知对方有没有职业，或确知对方为失业者，那么还是谈别的话题为佳。

2. 风趣地接、转话题

在谈话中善于抓住对方的话题，机智巧接答，可以使谈话变得风趣，从而使谈话活跃起来。有一个典型的例子：当我们夸奖对方取得的成绩时，总能听到这样的回答：“一般、一般。”倘若我们不接着话茬说下去，就有点赞同对方的“一般”说法的意思，达不到接话说的目的。可以这样回答：“‘一般’情况尚且如此，那‘二般’情况就可想而知了。”言外之意是说：

“你一般的情况才如此的话，我‘二般’的情况就更不值得一提了。”这类答茬儿，一般是采用谐音、双关的手法，接住对方的话茬，作风趣的转答。

巧妙地接答对方的话茬儿，可以把原来的话题引向另一个话题，使谈话转变一个角度继续进行下去。

刘某是公司负责某一地区的销售业务员。公司为了加强和客户之间的联系，特举办了一年一度的“联谊会”。公司安排刘某在会议期间陪同他的客户顾某。他们路过一家商场，谈起了商场销售情况。末了，顾某深有感触地说：“现在，市场竞争够激烈的。”刘某接过他的话茬儿说：“就是。在你们单位工作的业务员也不少吧？”就这样刘某既把话题延伸下去，同时又把话题转向有利于自己的方向。

3. 巧妙析姓辨名

在气氛不活跃时，可以针对一些人的姓名进行别致的解释，其效果往往会出人意料，从而活跃了气氛。在这方面，伟大领袖毛泽东同志就很有造诣。

客人初次见面，往往要介绍姓名。毛泽东擅长抓住这一机会，运用他渊博的知识，把客人的姓名作有趣的解析，使交谈一开始就消除了对方的紧张情绪，显得亲切随和。普通干部、群众与这位中国最高领袖间的鸿沟顷刻填平，交谈气氛就更为活跃。

1957年9月，毛泽东到上海，邀见新民晚报社社长赵超构。赵超构正因当时的情境而惶惶不安。谁知毛泽东一见赵超构，就对旁人说：“宋高宗的哥哥来了！”他由赵超构的名字“超构”，机敏地联想到高宗的名字“赵构”。前者既是“超构”，那不就可称作宋高宗的哥哥吗？此话出乎人们意料，听者初时为之一愣，细想又能自圆其说，别有一番诙谐之趣，会场里顿时爆发出热烈的笑声。赵超构的思想负担立刻解除了。毛泽东联系历史人物的姓名，对赵超构的名字作“另解”，让人经过思考后发出了会心的微笑。

20世纪70年代，唐由之初任毛泽东的保健医生，首次见面时，他心情很紧张。谁知毛泽东望着唐由之，反复念着他的名字："由之，由之……"并问："你的名字是出自《论语》'民可使由之，不可使知之'吧？"又说："你不要按孔夫子的'由之'去做，而是按鲁迅的'由之'去做。"随即又抑扬顿挫地吟起了鲁迅的诗句："岂有豪情似旧时，花开花落两由之……"毛泽东出语成趣，使唐大夫欢笑出声，开始了融洽的交谈。这里，毛泽东"析姓辨名"的方法与上面不同，采取了解析名字出处，并随机发挥的方法，但效果是一样的。

4. 适时地提一些引导性的话题

提出引导性话题，可以给他人留下谈话时间和空间，特别是对于那些不善于当众讲话的人。这些话题可以根据对方的性格特点、兴趣爱好、职业性质等方面来设置。比如："近来工作顺利吧？""听说你最近有件高兴的事，是什么呢？""前一阵我见到你的孩子，学习怎么样？"，先用这些听起来使对方温暖的话寒暄一下，便于开展谈话。对于那些在公司上班的人，可以探问对其公司的日常规则的看法，例如："你们公司每周都要举行升旗仪式，之后还要做早操、召开例会，你怎么看？"引导性话题应该注重可谈性和可公开性。对学文的不宜谈深奥的理科的问题，反之亦然。不宜在公开场合触及个人隐私，或者是背后议论他人等。如果引导性话题过于敏感，或者不是对方的兴趣爱好，或者过于深奥，超出了对方的知识结构等原因，对方也许不愿说，也许真的无话可说。提出这类话题，目的是让对方开口讲话，如果不能让对方讲，那还有什么意义呢？

在提一些引导性话题的时候，也要注意方法和策略，不要让对方感到难以回答或只能附和。比如："你是不是也觉得你们现在的厂长很能干？"人家要说赞同，他自己的确也有保留意见；要说是不赞同，而你已经认可了，他总不至于在你的面前进行反对吧，何况是说别人的坏话呢？这样的话题，处理得不好会让自己失去谈话的亲和力，适得其反。再者，也不要问些大而空的问题，让人不知从何说起，最好具体点。

如果是由于自己太清高、架子大，使人敬而远之而造成双方的沉默，那你在交谈中应该主动、客气及随和一些。

如果是由于自己太自负、盛气凌人，使对方反感而造成了沉默，则要注意谦虚，多想想自己的短处，适当褒扬对方的长处。

如果是由于自己口若悬河，讲起话来漫无边际、无休无止，而导致了对方的沉默，则要注意自己讲话适可而止，给对方说话的机会，不要让人觉得你是在做单方面的“传教”。

有时装作不懂事的样子，往往可以听取他人更多的意见；反之，你表现得太聪明，人家即使要讲也有顾虑，怕比不上你。如果我们用“请教”的语气说话，引起对方的优越感，就会引出滔滔话语。一般人的心理是总喜欢教人，而不喜欢受教于人。

冷场的出现，往往与“话题”有关。“曲高和寡”会导致冷场，“淡而无味”同样会引起冷场。不希望出现冷场的交谈者，应当事先做些准备，使自己有一点“库存话题”，以备不时之需。

求助时，话语中要避免过于功利

求人帮助时，要斟酌好说什么样的话，尤其是向亲朋好友求助时，话语中更要避免过于功利化。

人在社会上不可能是孤立地生存，我们有亲人、有朋友、有同事，有千丝万缕的人际关系，同样，我们有欢乐、有痛苦，我们奉献爱心，有时也需要别人的帮助。向他人寻求帮助，不要显得太功利，否则会惹人反感。试想，如果一个很久未与你有联系的昔日同事，突然打电话请你帮他贷笔巨款，恐怕你感到的不仅是为难，心中还有极大的不悦吧？

俗话说：“在家靠父母，出门靠朋友。”多一个朋友多一条路。要想人爱己，己须先爱人。时刻存有乐善好施、成人之美的心思，才能为自己多储存些人情的债权。这就如同一个人为防不测，须养成“储蓄”的习惯，这甚至会让各位的子孙后代得到好处，正所谓“前世修来的福分”。

有人说，人生如戏，工作单位是一个大舞台，演戏的人不仅要台上功夫过硬，台下也少不了查漏补缺，打点准备。只有台上台下配合默契、相得益彰，才能真正获得掌声与喝彩。很多“走红”的“演员”常会利用舞台外的时间进行相关活动，希望回到台上后可以讨些好处。

中国人串门落座之后常爱说“无事不登三宝殿”，言外之意是有事相求。其实这正是台下功夫不到家的一个明显例子。会唱台下戏的人常常“无事也登三宝殿”，平日很注意与人保持联系——哪怕是一个电话也好，让别人知道，他人在自己心目中占一席之地，如果非到有事才找人，未免显得太过功利主义，惹人反感。8 小时之外常到同事家做做客以加强联系沟通有无，看来还是必要的，但要把握一定的分寸，懂得做客的学问。

在一次会议上，小王邂逅了一位久未谋面的老朋友。休会期间，他们热情地攀谈起来。聊着聊着，小王不禁对他抱怨起来：“我打过很多次你的手机，但一直都是停机。你也是的，这么长时间，怎么也不跟我联系？”朋友嘿嘿一笑，从嘴里蹦出四个字：“又没啥事。”

一日，小王接到了这位朋友的电话，心中一阵惊喜。电话接通后，朋友一开口便要请小王帮他推销产品。说了一大套关于产品的介绍之后，朋友又开始给小王开出所谓的“好处费”。小王也并非不知道“朋友多了路好走”的道理，但就是这个电话，把他们的友谊击得粉碎。

这个故事就很说明问题，不要在需要帮助的时候才想起别人，朋友不是一日交的，关系不是一日确立的。

第四章 委婉的语气说『不』，坚定的态度拒绝

委婉地说“不”，让被拒绝的人有面子

自尊之心，人皆有之。因此在拒绝别人时，要顾及对方的尊严。人们一旦进入社会，无论他的地位、职务多高，成就多大，他们无一例外地都关心外界对自己的评价。由于来自外界评价的性质、强度和方式不同，人们会相应地作出不同反应，并对交际过程及其结果产生积极或消极的影响。通常的规律是：尊之则悦，不尊则哀。也就是说，当得到肯定的评价时，人们的自尊心理得到满足，便会产生一种成功的情绪体验，表现出欢愉乐观和兴奋激动的心情，进而“投桃报李”，对满足自己自尊欲望的人产生好感和亲近力，采取积极的合作态度，交际随之向成功的方向发展。反之，当人们不受尊重、受到不公正的评价时，便会产生失落感、不满和愤怒情绪，进而出现对抗姿态，使交际陷入危机。

顾及对方的尊严是拒绝别人时必不可少的注意事项，有这样一个例子：

某校在评定职称时，由于高级职称的名额有限，一位年龄较大的教师未能评上。他听说了这一消息后就向一位负责职称评定的副校长打听情况。副校长考虑到工作迟早要做，便和这位老教师促膝交谈：

校长：哟，老李，什么风把你给吹来了。

老师：校长，我想知道这次评高职我有希望吗？

校长：老李，先喝杯茶，抽支烟。我们慢慢聊，最近身体怎么样？

老师：身体还说得过去。

校长：老教师可是我们学校的宝贵财富，年轻教师还要靠你们传帮带呢！

老师：作为一名老教师，我会尽力的。可这次评定职称，你看我能否……

校长：无论这次评上评不上，我们都要依靠像你这样的老教师。你经验丰富，教学也比较得法，学生反映也挺好。我想，对于一名教师来说，这一点，比什么都重要，你说呢？

老师：是啊！

校长：这次评职称是第一次进行，历史遗留的问题较多，可僧多粥少，有些教师这次暂时还很难如愿，要等到下一次。这只是个时间问题。相信大家一定能够谅解。但不管怎样，我们会尊重并公正地评价每一位教师，尤其是你们这些辛辛苦苦工作几十年的老教师。

老教师在告辞时，心里感觉热乎乎的，他知道自己这次评上的希望不大，但由于自身得到了别人的尊重，成绩受到了别人的肯定，他能接受那样的结果。用他对校长的话讲："只要能得到一个公正的评价，即使评不上我也不会有情绪的，请放心。"

这位校长可谓是顾及别人尊严的典范，如果开始他就给这位老教师泼一桶冷水，那么后果就不堪设想了。

在社交场合上，无论是举止或是言语都应尊重他人，即使在拒绝别人的时候也要顾及对方的尊严。也只有这样，才能赢得别人的尊重。

拖延、淡化，不伤其自尊也将其拒绝

一般人都不太好意思拒绝别人，但在很多情况下，我们为了避免多余的困扰，对一些不合理或不合自己心意的事有必要拒绝，但怎样既不伤害对方自尊心又能达到拒绝的目的呢？当对方提出请求后，不必当场拒绝，你可以说："让我再考虑一下，明天答复你。"这样，既使你赢得了考虑如何答复的时间，也会使对方认为你是很认真对待这个请求的。

某单位一名职工找到上级要求调换工种。领导心里明白调不了，但他没有马上回答说“不可能”。而是说：“这个问题涉及好几个人，我个人决定不了。我把你的要求带上去，让厂部讨论一下，过几天答复你，好吗？”

这样回答可让对方明白：调工种不是件简单的事，存在着两种可能，使对方有思想准备，这比当场回绝效果要好得多。

一家汽车公司的销售主管在跟一个大买主谈生意时，这位买主突然要求看该汽车公司的成本分析数字，但这些数据是公司的绝密资料，是不能给外人看的。可如果不给这位大买主看，势必会影响两家和气，甚至会失掉这位大买主。

这位销售主管并没有说“不，这不可能”之类的话，但他的话中婉转地说出了“不”。“这个……好吧，下次有机会我给你带来吧。”知趣的买主听过后便不会再来纠缠他了。

某位作家接到老朋友打来的电话，邀请他到某大学演讲，作家如此答复：“我非常高兴你能想到我，我将查看一下我的日程安排，我会回电话给你的。”

这样，即使作家表示不能到场的话，他也就有了充裕时间去化解某些可能的内疚感，并使对方轻松、自在地接受。

陈涛夫妻俩下岗后，自谋职业，利用政府的优惠贷款开了一家日用品商店，两人起早摸黑把这个商店办得红红火火，收入颇丰，生活自然有了起色。陈涛的舅舅是个游手好闲的赌棍，经常把钱扔在了麻将台子上，这段时间，手气不好又输了，他不服气，还想扳回本钱，又苦于没钱了，就把眼睛瞄准了外甥的店铺，打定了主意。一日，这位舅舅来到了店里对陈涛说：“我最近想买辆摩托车，手头尚缺五千块钱，想在你这借点周转，过段时间就还。”他也知道用模糊语言。陈涛了解舅舅的嗜好，借给他钱，无疑是肉包子打狗。何况店里用钱也紧，就敷衍着说："好！再过一段时间，等我有钱把银行到期的贷款支付了，就给你，银行的钱可是拖不起的。"这位舅舅听外甥这么说，没有办法，知趣地走了。

陈涛不说不借，也不说马上就借，而是说过一段时间，等支付银行贷款后再借。这话含多层意思：一是目前没有，现在不能借；二是我也不富有；三是过一段时间不是确指，到时借不借再说。舅舅听后已经很明白了，但他并不心生怨恨，因为陈涛并没有说不借给他，只是过一段时间再说而已，给了他希望。

因此，处理事情时，巧妙地一带而过比正面拒绝有效，且不伤和气。

先承后转，让对方在宽慰中接受拒绝

日常中，我们经常会遇到这样的情况，对方提出的要求并不是不合理，但因条件的限制无法予以满足。在这种情况下，拒绝的言辞可采用"先承后转"的形式，使其精神上得到一些宽慰，以减少因遭拒绝而产生的不愉快。

李刚和王静是大学同学，李刚这几年做生意虽说挣了些钱，但也有不少的外债。两人毕业后一直没有来往，一天，王静突然向李刚提出借钱的请求，李刚很犯难，借吧，怕担风险；不借吧，同学一场，又不好张口。思忖再三，最后李刚说："你在困难时找到我，是信任我、瞧得起我，但不巧的是我刚刚买了房子，手头一时没有积蓄，你先等几天，等我过几天账结回来，一定借给你。"

有的时候对方可能会因急于事成而相求，但是你确实又没有时间，没有办法帮助他的时候，一定要考虑到对方的实际情况和他当时的心情，一定要避免使对方恼羞成怒，以免造成误会。

拒绝还可以从感情上先表示同情，然后再表明无能为力。

黄女士在民航售票处担任售票工作，由于经济的发展，乘坐飞机的旅客与日俱增，黄女士时常要拒绝很多旅客的订票要求，黄女士每次都是带着非常同情的心情对旅客说：“我知道你们非常需要坐飞机，从感情上说我也十分愿意为你们效劳，使你们如愿以偿，但票已订完了，实在无能为力。欢迎你们下次再来乘坐我们的飞机。”黄女士的一番话，叫旅客再也提不出意见来。

先扬后抑这种方法也可以说成是一种“先承后转”的方法，这也是一种力求避免正面表述，而采用间接拒绝他人的方法。先用肯定的口气去赞赏别人的一些想法和要求，然后再来表达你需要拒绝的原因，这样你就不会直接地去伤害对方的感情和积极性了，而且还能够使对方更容易接受你，同时也为自己留下一条退路。

一般情况来说，你还可以采用下面一些话来表达你的意见，“这真的是一个好主意，只可惜由于……我们不能马上采用它，等情况好了再说吧！”“这个主意太好了，但是如果只从眼下的这些条件来看，我们必须要放弃它，我想我们以后肯定是能够用到它的。”“我知道你是一个体谅朋友的人，你如果对我不十分信任，认为我没有能力做好这件事，那么你是不会找我的，但是我实在忙不过来了，下次如果有什么事情我一定会尽我的全力来支持你。”等等。

带着友善表情说“不”，保存和气将其拒绝

当遇到别人不合理的请求时，我们是否也要委曲求全答应对方呢？这个时候，你千万不要因为不能说“不”而轻易地答应任何事情，而应该视自己能力所及的范围，一定不要明明做不到，却不敢说“不”，结果既造成

了对方的困扰，又失去了别人对你的信任。

30岁出头就当上了二十世纪福克斯电影公司董事长的雪莉·茜，是好莱坞第一位主持一家大制片公司的女士。为什么她有如此能力呢？主要原因是，她言出必践，办事果断，经常是在握手言谈之间就拍板定案了。

好莱坞经理人欧文·保罗·拉札谈到雪莉时，认为与她一起工作过的人，都非常地敬佩她。欧文表示，每当请雪莉看一个电影脚本时，她总是马上就看，很快就给答复。不过好莱坞有很多人，给他看个脚本就不这样了，若是他不喜欢的话，根本就不回话，而让你傻等。

通常一般人十之八九都是以沉默来回答，但是雪莉看了给她送去的脚本，都会有一个明确的回答，即使是她说“不”的时候，也还是把你当成朋友来对待。这么多年以来，好莱坞作家最喜欢的人就是她。

拒绝别人不是一件什么罪大恶极的事情，也不要把说“不”当成是要与人决裂。是否把“不”说出口，应该是在衡量了自己的能力之后，作出的明确的回应。虽然说“不”难免会让对方生气，但与其答应了对方却做不到，还不如表明自己拒绝的原因，相信对方也会体谅你的立场。

不过，当你拒绝对方的请求时，切记不要咬牙切齿、绷着一张脸，而应该带着友善的表情来说“不”，才不会伤了彼此的和气。

利用对方的话回绝，干脆又不伤人

拒绝不一定非要表明自己的意思，许多时候，利用对方的话来拒绝他，是更聪明的选择。只要合理地从对方的话语里引出一个合乎逻辑的相同问题，巧踢“回旋球”，让对方“哑巴吃黄连——有苦说不出”。

小李从旅游局一个朋友那里借了一架照相机，他一边走一边摆弄着，这时刚好小赵迎面走来了。他也知道小赵有个毛病：见了熟人有好玩的东西，非得借去玩几天不可。这次看见了他手中的照相机又非借不可了。尽管小李百般说明情况，小赵依然不肯放过。小李灵机一动，故作姿态地说：“好吧，我可以借给你，不过我要你不要借给别人，你做得到吗？”小赵一听，正合自己的意思。他连忙说：“当然，当然。我一定做到的。”“绝不失信。”小李还追加一句说，“绝不失信，失信还能叫作人？”小李斩钉截铁地说：“我也不能失信，因为我也答应过别人，这个照相机绝不外借。”听到这，小赵也目瞪口呆了，这件事也只能这样算了。

有一大部分人会产生这样的想法，难道我们在现实生活中都非要拒绝别人不可吗？我们在拒绝他人时都要采用这些委婉的方法吗？这个问题问得恰到好处。

在现实生活中，关于拒绝他人，我们还要注意以下问题：

第一，在日常生活中，我们就应该真诚地对待朋友和同学，积极地帮助他们。每个人都应该明白一个简单的道理“平时帮人，拒人才不难”，以上方法主要应用于那些的确违背我们意愿的事情。

第二，如果是由于自己能力或客观原因，我们应该坦诚相对，说明自己的实际情况，同时，要积极帮对方想办法。

第三，对于某些情况，直接说“不”的效果更好，特别是对于那些违法乱纪的事情，应持坚决的态度来拒绝。对于那些可能引起误解的事情，也应该明确自己的态度，否则会“当断不断，反受其乱”。此外，由于拒绝不明可能会影响对方，也影响事情发展方向，也应该直截了当地拒绝它。

第四，即使我们掌握了一些比较好的方法，在一般的拒绝中，我们也应该语气委婉，最好还能面带微笑，这样既达到自己拒绝他人的目的，又消除由于拒绝给对方带来的不快。

先说让对方高兴的话题，再过渡到拒绝

对于他人的话，人们总是会表现出情感反应。如果先说让人高兴的话，即使马上接着说些使人生气的话，对方也能以欣然的表情继续听。利用这种方法，可以拒绝不受喜欢的对象。

有一个乐师，被熟人邀请到某夜总会乐队工作。乐师嫌薪水低，打算立即拒绝。但想起以往受过对方照顾，他不便断然拒绝。他心生一计，先说些笑话，然后一本正经地说："如果能使夜总会生意兴隆，即使奉献生命，在下也在所不辞。"

此时夜总会老板自然还是一副笑脸，乐师抓住机会立刻板起面孔说："你觉得什么地方好笑？我知道你笑我。你看扁我，不尊重我，这次协议不用再提，再见！"

这样，乐师假装生气，转身便走。老板却不知该如何待他，虽生悔意，但为时已晚。

因此，面对不喜欢的对象，要出其不意地敲他一下，以便拒绝对方。若缺乏机会，不妨参照上例，制造机会，先使对方兴高采烈，然后趁对方缺乏心理准备，脸上仍在笑嘻嘻时，找到借口及时退出，达到拒绝的目的。

一位名叫金六郎的青年去拜访本田宗一郎，想将一块地产卖给他。

本田宗一郎很认真地听着金六郎的讲话，只是暂时没有发言。

本田宗一郎听完金六郎的陈述后，并没有做出"买"或者"不买"的直接回答，而是在桌子上拿起一些类似纤维的东西给金六郎看，并说："你知道这是什么东西吗？"

"不知道。"金六郎回答。

"这是一种新发现的材料，我想用它来做本田宗一郎汽车的外壳。"本田宗一郎详详细细地向金六郎讲述了一遍。

本田宗一郎共讲了15分钟之久。谈论了这种新型汽车制造材料的来历和好处，又诚诚恳恳地讲了他明年拟采取何种新的计划。这些内容使得金六郎摸不着头脑，但感到十分愉快。在本田宗一郎送走金六郎时，才顺便说了一句，他不想买对方的那块地。

如果本田宗一郎一开始就将自己的想法告诉金六郎，金六郎一定会问个究竟，并想方设法劝说本田宗一郎，让他买下这块地。本田宗一郎不直接言明的理由正是如此，他不想与金六郎为此争辩什么。

拒绝对方的提议时，必须采用毫不触及话题具体内容的抽象说法。

日本成功学大师多湖辉说的这个故事发生在20世纪60年代末的学生运动中。

某大学的教室里正在上课时，一群学生运动积极分子闯了进来，使上课的教授手足无措。当着班上学生的面，教授想显示一点宽容和善解人意的风度，就决定先听一下学生讲些什么之后再去说服他们。

结果与他的善良想法完全相反，学生们乘势向他提出许许多多的问题，把课堂搅得一团糟，再也上不成课了。并且这之后只要他上课就有激进派的学生出现在课堂上，就这样毫无宁日地持续了一年。

从这一教训中，教授悟到一条法则，即若无意接受对方，最好别想去说服他，对方一开口就应该阻止他："你们这是妨碍教学，赶快从教室里出去，与课堂无关的事，请我们课后再说！"

假如再发生一次同样的事，教授能否应付？就算他显示出了拒绝的态度，学生也会毫不理会地攻击他吧！如果一点也不去听学生的质问，一开始就踩住话头，至少不会给对方以可乘之机，也不致弄得一年时间都上不好课！

可见，拒绝之前先说点与拒绝无关的话，这种欲抑先扬的方式，可以给人心里一个缓冲和铺垫，不至于让拒绝进行得很直接、僵硬。

不失礼节地拒绝他人的不当请求

老周在法院工作，他好朋友的亲戚犯了法，正好由他审理，好朋友的亲戚托好朋友请老周吃饭，并且给老周包了一万元钱的红包，要老周网开一面，从轻发落。如果老周接受了钱，那么就是知法犯法，到时弄不好会给自己招惹不必要的麻烦。而如果不接受，又可能伤了朋友之情，并让对方在亲戚面前脸面无光。老周左右为难，不知如何是好。

与人相处，人们经常会遇到老周这样的情况，即面对爱人、亲人、好友等亲密之人的请求，比如借钱，帮忙做某事，等等。许多时候，我们并不愿意答应这些请求，却又不好意思说“不”，就会使自己陷入十分为难的境地。如果违心地答应下来，是为自己添烦恼；如果假装答应却不做，又失信于人。

一般来说，尽可能地帮助自己的亲密之人，这是人之常情。但是，面对亲密之人的不当要求，我们一定要坚持自己的原则。特别是当他们的要求有违国家法律法规、有违社会公共道德或有违家庭伦理时，我们更应坚守自己的原则立场，毫不留情地予以拒绝，还应帮助对方改变那些错误思想和行为。

拒绝亲密之人的不当要求是一门学问，是一项应变的艺术。要想在拒绝时既消除了自己的尴尬，又不让对方无台阶可下，这就需要掌握一些巧妙的拒绝方法，比如：

1. 巧用反弹

别人以什么样的理由向你提出要求，你就用什么样的理由拒绝，这就是巧用反弹的方法。在《警长报到》这部电视剧中，帕尔斯警长的妻子出于对帕尔斯的前程和人身安全考虑，企图说服帕尔斯中止调查一位大人物虐杀自己妻子的案子。最后她说：“帕尔斯，请听我这个做妻子的一次吧。”

他却回答说："是的，这话很有道理，尤其是我的妻子这样劝我，我更应该慎重考虑。可是你不要忘记了这个坏蛋亲手杀死了他的妻子！"

2. 敷衍拒绝

敷衍式的拒绝是最常用的一种拒绝方法，敷衍是在不便明言回绝的情况下，含糊回绝请托人。拒绝亲密之人的不当要求也可采用这一方法。运用这种方法时，也需对方有比较强的领悟能力，否则难以见效。具体采用这种方法时，我们可以运用推托其辞、答非所问、含糊拒绝等具体方式。

3. 巧妙转移

面对别人的要求，你不好正面拒绝时，可以采取迂回的战术，转移话题也好，另有理由也好，主要是善于利用语气的转折——绝不会答应，但也不致撕破脸。比如，先向对方表示同情，或给予赞美，然后再提出理由，加以拒绝。由于先前对方在心理上已因为你的同情而对你产生好感，所以对于你的拒绝也能以"可以谅解"的态度接受。

总之，面对亲密之人提出的不当要求时，切忌直接拒绝。尽量使用间接拒绝的方法。从对方的立场出发，阐明自己的观点，就会使对方自然而然地接受了。

此外，拒绝别人时，也要有礼貌。任何人都不愿被拒绝，因为被别人拒绝，会使人感到失望和痛苦。当对方向自己提出不合理要求时，你可能感到气愤，甚至根本无法忍受，但你也要沉住气，毕竟出席宴会的还有其他人，你千万不可大发雷霆、出言不逊、恶语伤人。在拒绝对方时，更要表现出你的歉意，多给对方以安慰，多说几个"对不起""请原谅""不好意思""您别生气"之类的话。由于你的态度十分有礼貌，即使对方想无理取闹，也说不出什么，这样别人也会觉得你是一个彬彬有礼的人而愿意与你亲近。

绕个“圈子”再拒绝

断然拒绝别人可以显得一个人不拖泥带水，但对遭到拒绝的人来说，却是很不够义气的。聪明人这时会绕个圈子，不直接说出拒绝的话，而让对方明白意思。

1799年，年轻的拿破仑·波拿巴将军在意大利战场取得全胜凯旋。从此，他在巴黎社交界身价倍增。也成为众多贵妇追逐青睐的对象。

然而，拿破仑对此却并不热衷。可是，总有一些人紧追不放，纠缠不休。当时的才女、文学家斯达尔夫人，几个月来一直在给拿破仑写信，想结识这位风云人物。

在一次舞会上，斯达尔夫人头上缠着宽大的包头布，手上拿着桂枝，穿过人群，迎着拿破仑走来。拿破仑躲避不及。于是，斯达尔夫人把一束桂枝送给拿破仑，拿破仑说道：“应该把桂枝留给缪斯。”

然而，斯达尔夫人认为这只是一句俏皮语，并不感到尴尬。她继续有话没话地与拿破仑纠缠，拿破仑出于礼貌也不好生硬地中断谈话。

“将军，您最喜欢的女人是谁呢？”

“是我的妻子。”

“这太简单了，您最器重的女人是谁呢？”

“是最会料理家务的女人。”

“这我想到了，那么，您认为谁是女中豪杰呢？”

“是孩子生得最多的女人，夫人。”

他们这样一问一答，拿破仑也达到了拒绝的目的。斯达尔夫人也知道了拿破仑并不喜欢自己，于是作罢。

小王毕业以后分到一个小地方打杂，开始很失意，成天和一帮哥们喝酒、打牌。后来逐渐醒悟过来，开始报名参加等级考试。

有一天晚上，他正在埋头苦读，突然一个电话打过来叫他去某哥们家集合，一问才知道他们“三缺一”。小王不好意思讲大道理来拒绝他们的要求，也不想再像以前那样没日没夜地玩了，便回答说：“哎呀，哥们儿，我的酸手艺你们还不清楚啊，你们成心让我‘进贡’嘛，我这个月的工资都快见底了，这样吧，一个小时，就打一个小时，你们答应我就去，不答应就算了。”一阵哄笑后，对方也不好食言，后来他们都知道小王已经另有他事，也就不再打扰了。

还有这样一个例子：

1972 年 5 月 27 日凌晨一点，美苏关于限制战略武器的四个协定刚刚签署，基辛格就在莫斯科一家旅馆里向随行的美国记者团介绍情况，当他说到“苏联每年生产的导弹大约 250 枚”时，一位记者问：“我们的情况呢？我们有多少潜艇导弹在配置分导式多弹头？有多少‘民兵’导弹在配置分导式多弹头？”基辛格回答说：“我不太肯定正在配置分导式多弹头的‘民兵’导弹有多少。至于潜艇，我的苦处是数目我是知道的，但我不知道是不是保密的。”一个记者连忙说：“不是保密的。”基辛格反问道：“不是保密的吗？那你说是多少呢？”记者们都傻眼了，只好一笑了之。

绕着圈子拒绝别人，是讨人喜欢的一种说话方式。但绕圈子必须做到不讨人厌，也就是说必须巧妙，三言两语能够把拒绝的意见表达出来。如果绕了半天，对方还是一头雾水，那就弄巧成拙了。

贬低自己，降低对方期望值顺势将其拒绝

用自我贬低的方法或者在玩笑的氛围中拒绝他人，不仅维护了别人的面子，也使自己全身而退。

比如朋友想邀你一起去玩电游，你就可以说：“我们都是好朋友了，说出来不怕你们笑话，我学了几年一直玩得不像样，你们看了都会觉得扫兴，

为了不影响你们的兴致，我还是不去为好。”又比如说，在同学聚会的时候，你确实不会喝酒，你可以说：“我是爸妈的乖儿子，在家里面又没有什么地位，要是喝了酒，那回去后肯定会被我爸揍死的，甚至还会被我妈骂死，你们就饶了我吧。”同时，你还可以说一些其他的事例进行说明，或者找一些比较好的借口来增强这种自我贬低的效果。

在贬低自己的策略中，“装疯卖傻法”是一种特殊形式，即“表示自己无能为力，不愿做不想做的事”。也就是说：“我办不到！所以不想做！”

根据心理学的调查发现，人们的确有在日常生活中故意装傻的现象。例如在上班族中，有20%的人曾对上司装过傻，而14%的人对同事装过傻。虽然它跟“楚楚可怜法”一样，会导致评价降低，但令人惊讶的是，仍有一成以上的人是在自己有意识的情况下用了这个办法。

1. 以下三种情况适合使用“装疯卖傻法”。

（1）不愿做不想做的事。

例如像是打杂般的工作、很花时间的工作，或单调的工作等。还有像公司运动会之类，公司内部活动的筹办委员也是其中之一。像这种情形便有不少人会用“我不会呀”或“我对这方面不擅长”等理由，把不想做的事巧妙地推掉。

（2）拒绝他人的请求。

当别人找上你，希望你能帮他的忙时，你很难直接说“不”吧！因此便以“我很想帮你，可是我自己也没有那个能力”的态度来婉转拒绝。拒绝别人这种事，很难直接以“我不愿意”这种态度来拒绝，而且还可能会让对方怀恨在心。因此，若是用能力，也就是自己无法控制的原因来拒绝（想帮你，可是帮不了）的话，拒绝起来便容易多了。

（3）想降低自己的期望值。

一个人若能得到他人的高度期待，固然值得高兴，但压力也会随之而来。因为万一失败，受到高度期待的人，所带给其他人的冲击性会更大。因此，借由表现出自己的无能，来降低期望值，万一将来失败，自己的评价也不会下降得太多；相反的，如果成功，反而会得到预期之外的肯定。

2.“装疯卖傻法”有以下两种实用技巧。

（1）表明自己无能为力。

就像前面所说，这招便是表明“我没有能力做那件事，因此我不愿意做”的一种方法。根据工作的内容，“无能”的内容也有所不同。例如：

别人要求你处理电脑文书资料时，你可以说：“电脑我用不好，光一页我就要打一个小时，而且说不定还会把重要的资料弄丢！”

别人要求你做账簿时，你可以说：“我最怕计算了，看到数字我就头痛！”

不过，所表明的“无能”的理由不具真实性，那可就行不通。例如刚才电脑处理的例子，如果是在电脑公司，说这种话谁信？后面那个例子，如果发生在银行，也绝对会显得很突兀。平常越少接触到的工作，说这种话时，所获得的可信度也就越大。所以要说“我没做过”“我做得不好”这些话的时候，这些话一定要具有可信度才行。

（2）将矛头指向他人。

这招是接着“表示无能”的用法之后，以“我办不到，你去拜托某某比较好”的说法，来将矛头指向他人的做法。

“我电脑没办法，不过小王对电脑很熟，你去拜托他看看怎么样？”

“我对计算工作最头大了，小芸好像是簿记二级的，她应该做得来！”

像这样搬出一位在这方面能力比自己强的人，然后要对方去拜托他就行了。只有在大家都知道那个人的确比较胜任时才能用这招。这个办法有一个问题就是，可能会招致那个被你“转嫁”的人怨恨。想拜托人的人一定会说：“是某某说请你帮忙比较好！”对方也就会知道是你干的好事。这么一来，那个人心里一定会想："可恶的家伙，竟然把讨厌的事推给我！"

尤其当需要帮忙的工作内容，是人人都不想做的事情的时候，这种惹来怨恨的可能性就越高。所以，最好在多数人都知道"某某事情是某某最擅长的"这样的场合才用此招。

找个人替你说"不"，不伤大家感情

在拒绝他人的诸多妙法中，有一种比较艺术的方法就是推诿法。

所谓推诿法，就是以别人的身份表示拒绝。这种方法看似推卸责任，但却很容易被人理解：既然爱莫能助，也就不便勉强。

有个女孩子是个集邮爱好者，她的几个好朋友也是集邮迷。一天，有个小朋友向她提出要换邮票，她不同意换，但又怕小朋友不高兴，便对小朋友说："我也非常喜欢你的邮票，但我妈不同意我换。"其实她妈妈从没干涉过她换邮票的事，她只不过是以此为借口，但小朋友听她这样一说，也就作罢了。

有时为了拒绝别人，可以含糊其词地推托："对不起，这件事情我实在不能决定，我必须去问问我的父母。"或者是："让我和孩子商量商量，决定了再答复你吧。"

这是拒绝的好办法，假装请出一个"后台老板"，表示能起作用的不是本人，既不伤害朋友的感情，又可以使朋友体谅你的难处。

人处在一个大的社会背景中，互相制约的因素很多，为什么不选择一个盾牌来挡一挡呢？如：有人求你办事，假如你是领导成员之一，你可以说，我们单位是集体领导，像刚才的事，需要大家讨论才能决定。不过，这件事恐怕很难通过，最好还是别抱什么希望，如果你实在要坚持的话，待大家讨论后再说，我个人说了不算数。这就是推托其辞，把矛盾引向了另外的地方，意思是我不是不给你办，而是我决定不了。请托者听到这样的话，一般都要打退堂鼓。

一个年轻的物资销售员经常与客户在酒桌上打交道，长此以往，他觉得自己的身体每况愈下，已不能再像以前那样喝太多的酒了。可应酬中又是免不了要喝酒的，怎么办呢？后来他想到一个妙计。每当客户劝他多喝点的时候，他便诙谐地说："诸位仁兄还不知道吧，我家里那位可是一个母老虎，我这么酒气熏天地回去，万一她河东狮吼起来，我还不得跪搓衣板啊！"

他这么一说，客户觉得他既诚恳又可爱，自然就不再多劝了。

所以，如果难以开口的话，不妨采取这里所讲的方法，找一个人"替"你说"不"，这样别人也不会对你有所抱怨。

第五章 说话不惹事，有事不怕事

理直气壮，有理之人要先以气势取胜

有的人总是有意无意地向我们提出不公平、不合理的要求。面对这种情况，我们必须据理力争，争取自己应得的权益。这就要求我们理直气壮地说话，从而在气势上征服对方，打击对方的嚣张气焰。

爱看足球比赛的人都知道，足球比赛有一句至理名言，那就是“足球是圆的”。它的意思是说球场上风云变幻，胜负并不全依强弱而定。那么，是什么因素使得足球比赛具有这样的悬念呢？无疑就是“气势”。所谓“主场之利”，指的就是主队士气上升，具有了气势，在这样的情况下，往往会有超水平的发挥。

谦虚和无能是两回事。自己没有主见，对他人言听计从很可能会被划入“无能”的范畴。真正的谦虚绝不是以他人马首是瞻，还应该坦率地表达自己的想法。可见，谦虚固然重要，但“当说则说，当怒则怒”的姿态也不可缺少。如果不能坚持自己的主张，而一味地迁就别人，对方很可能会将你看轻。沟通心灵、统一意见的最好办法，莫过于意见分歧的双方坦率地将自己的看法和盘托出，找出其中的分歧再相互协商。在这个过程中，没有以势压人，也没有盲目服从，这才是谦虚的最好演绎，互相信赖的关系也由此萌生。

俗话说：“人善被人欺，马善被人骑。”有些人专爱拣软柿子捏。对这样的人，能忍则忍，忍无可忍时，不如反击。

当人的感情受到伤害时，我们中的大多数人会十分愤怒，表现为张口结舌或者满脸通红。那么，到底怎样才能摆脱窘迫的处境呢？这可得依情形而定。如果你的上司在同事面前三番五次地责备你时，你可以心平气和地指出：“我们是否可以私下谈这个问题？”如果伤害你的人是你的配偶或亲密朋友，你可以向其说明你为此感到非常痛苦，这远比以同样的方式去回击对方要好得多。有人故意羞辱你时，你可以采取比较激烈的方法。有时，你必须使这种羞辱立即停止下来。你可以说：“你已经使我难堪了。你不介意告诉我这都是为了什么缘故吗？”或者说：“你似乎心烦意乱，是不是我有什么事使你不高兴了？”

不管发生了什么事情，都要避免动怒，千万不要发火。如果不够心平气和，你只能使对方占上风，使别人对你产生不满情绪。再说，和那些别有用心的人生气不值得。

一位作家刚完成一本书，正陶醉在人们的赞美声中，另一个作家对他有些嫉妒，不顾别人的劝说跑去和他说：“我喜欢你这本书，是谁替你写的？”他马上回敬道：“我很高兴你喜欢，是谁替你读的？”

聪明的作家面对另外一个作家的攻击并没有恼怒，而是以智慧的语言进行反击，驳得对方无话可说。

在受到不公正待遇时，你可以将事情置于大庭广众之下，摆出自己正当的理由，以强硬的态度坚决有力地驳斥对方。这样，我们就可以让对方在众目睽睽之下，理屈词穷，被迫作出让步。

提问在据理力争中显得十分重要，它能够营造一种势不可当的气势。但需要注意的是，据理力争必须把双方都置于大庭广众之下。如果只有双方两人，而你又处于一种弱势的地位，那么，你恐怕就无法“据理力争”。

当对方气势汹汹，兴师问罪之时，你不要被他的强势所吓倒，而应昂首挺胸地迎上前去，以自己的强势压住对方。这时，对方会被你的这种威势所震住，从而不得不改变他的姿态，作出让步。

抓住对方的弱点，攻其不备

当受到别人的无情嘲弄时，我们不妨抓住对方的弱点，攻其不备。

所谓的出奇制胜就是找到对手的弱点，然后攻其不备。

“出奇制胜”是一个可以广泛应用的法则，更是一个永恒的法则。它为什么具有如此大的魅力呢？出奇制胜要求打破常规，用对手意想不到的新奇手段战胜对手。它的核心就是“变化”二字，而“变化”正是宇宙间一切事物运行的普遍规律。

北宋有个名叫刘敞的大才子，他与欧阳修是很要好的朋友。刘敞晚年丧妻后，又续取了一位美艳少妇，招致人们一些闲话。欧阳修作为他的好友，在这件事上本不该说什么。可是，欧阳修恃才自傲，写了一首嘲讽刘敞的诗，曰：“仙家千载一何长，浮世空掠日月忙。洞里桃花莫相笑，刘郎今是老刘郎。”刘敞看到后心里很不痛快，想报复欧阳修，可是一时又找不到机会。

有一天，御史中丞王拱辰请客，欧阳修、刘敞均在座。席间，刘敞突然心生一计，说：“我有一个笑话，讲给诸位听，以助酒兴。从前，有一个学究训导学子，读到《毛诗》‘委蛇委蛇’处时，学子将‘蛇’字念成‘舌’音，学究责备说：‘蛇当读作姨字，不要再读错了。’学子牢记在心。第二天学子在去学堂的路上看乞丐玩蛇，迟误了上学的时间。学究问其迟到的原由，学子如实告诉先生，是观看乞儿玩蛇而耽误的。但是，这次学子把‘蛇’字读成了‘姨’音，因此，他对学究的回答就成了这样一句话：‘路遇有弄姨者，从众观之，先弄大姨，后弄小姨，是以来迟。”刘敞讲完后，含意深刻地看了看欧阳修，然后开怀大笑起来。

欧阳修起初并不知道刘敞为什么要讲这个故事，可是刘敞一笑，他就立马明白了过来：刘敞是在嘲弄自己先娶了薛简肃公大女儿，后来又续娶了薛简肃公的小女儿这件事，立刻后悔先前不该嘲弄刘敞晚年娶少妇的事。

总之，反击无理取闹的行为，不宜锋芒太露。有时，抓住对方的弱点，旁敲侧击，反而更有震慑的力量。

反击时不要懦弱

有时候，我们会遇到一些尖刻、一味找碴儿的人。面对这种人，能忍则忍，忍无可忍的时候就狠狠地反击。

也许有时候你想找一句话把别人的嘲讽和指责顶回去，可是偏偏又想不出来。事后，你仔细思考了一番，发现只要当时稍作变通，说一两句话就可以保住面子，从而免受一场精神折磨。然而，事情已经过去了，你只有后悔的份儿，问问自己：为什么当时没有想到呢？可能每次遇到别人的侮辱，你都不打算反击，久而久之，遇到这种情况时就不知道怎么反击了。事后则归咎自己。

但一个人如果只知道盲目反击，而不知道如何瞄准、等待时机也是不可取的。所以，在反击之前，先要把对方的话语听明白，

一旦发现对方有明显的攻击意味，你就要提高警惕，及时作出判断：如果对方发动的是侮辱性攻击，那么反击也要是侮辱性的；如果对方发动的是讽刺性攻击，那么反击也要是讽刺性的。

1.“你父母是怎么教养你的？”

别人以嘲弄的语气扯到你的父母，这是令人冒火的事，不过对方与你的父母是无冤无仇的，他的目的在于惹怒你。

你千万别上当，可以回答说：“我是我爷爷奶奶带大的。”

你也可以装作默默地想一会，再说：“我父母教育我说，对于无礼的人，不必客气。”

2.“你自以为是什么人？”

这是在故意反问，意在贬低你算不上什么人，没什么了不起，别太自傲自大了。

谦和一点，教训他：“我倒没想过这个问题。”

用开玩笑的方式回答：“我不敢肯定，不过我一定算个人物吧。有不少人给我写信呢。”“天气不好时，我就自以为是拿破仑。”“现在嘛，我自以为是受害者。”“反正是你没见过的人。”

3.“你少来这套！”

这是不太重的话，可以有礼貌地答复。“哈哈，不必客气。”如果你说的什么使他动怒了，说出这么一句话，可以强硬一些：“对你来的就是这一套！”

4.“你有毛病吗？”

当别人认为你犯了不可饶恕的大错，才以这样一句否定你的思想、能力、态度，质问羞辱你。

当它是一句医疗问话：“是有毛病，消化不良。”

严肃回击：“有是有，但离恶人远一点就会好些。”然后你扭头就走。

5.“你讲的什么，连你自己都不懂！”

这种事发生时，十有八九是冤枉你的，因为对方分明是有了怒意或不满才会讲这样的话，很可能是你说的话触及他不高兴的事，他才不礼貌地打断你。

如果你这时候马上反问“你为什么说我不懂”“这样说你有什么根据”，立即显出你心虚。糟糕的是，话题转为以你的懂与不懂为中心。如果你确实懂得不多，就会处于被攻击的地位，要连续不断地辩白。应付方法：如果对方的语气不很恶劣，你可以用玩笑的口吻说：“我以为你听不出来我不懂”，或是“你那么在意我懂与不懂”。

如果对方的语气带有困扰，可以反问："你懂吗？"

如果听出对方有轻蔑的意味，回答不妨带一点讽刺："你说对了，不过，我以为我懂与不懂，在你听来都是一样的。"

如果对方有意侮辱你，故意把嗓门放大，引来他人的注目，你完全可以保持从容，面带微笑。"既然如此，我来讲一讲我很懂、很清楚的一件事，就是一个人的教养问题。"

6."你以为你很聪明啊？"

这句话看似问话，又似指责，可以随其发生的语气表示不同的意思。同样，听者可以就自己的意愿来接受这句话。

当它是一个命令，答："好，那我照你的意思做就是。"

当它是一个建议，答："你的话很有道理。"

当它是问句，答："不敢，不过你说说你的想法如何？"

回敬他一下："啊，本来认定是你聪明，不过怎么看也不像。"

一个人要善于保护自己，要学会应对他人的无礼攻击。对方成心让你下不来台，难道你就只呆站着而不自卫还击吗？

反讥让攻击者自食其果。首先，要会借力使力，顺水推舟。其次，要冷静沉着，一击即中要害，使对方一下子就哑口无言。最后要注意区分对方的攻击性质，然后进行相应的反击。

说震慑话要从容镇定，方能达到震慑的最大效果

在生活中，我们难免会碰到一些无理取闹的人，对这种人，我们往往气愤不已，却又不知所措。其实，我们完全可以从容镇定地说一些震慑的话，进而达到震慑对方的目的。

生活中，有时候我们难免会碰到一些无理取闹的行为。碰到无理取闹

的人，人们常常大发一通怒火，可到头来，对方还振振有词，头头是道，自己则气得手脚发颤，只会说：“岂有此理，岂有此理。”

那么，应该怎样反击无理取闹的行为，使得对方觉得理亏、词穷、无言以对呢?

遇到这种行为，首先，要做到的就是控制情绪。这个时候心境平和对反击对方有重要作用：一个是表现自己的涵养与气量，二是能够冷静地考虑对策，只有平静情绪，才能从容选出最佳对策，否则就可能做出莽撞之举来。

其次，反唇相讥，出手要干净利落。打就打到对方的痛处，绝不隔靴搔痒，拖泥带水。

伍廷芳是著名的外交家，在出使英国时，有个贵妇人听了他的滑稽妙论，跑上前来与他握手，说：“我真是十分佩服。我决定把我的爱犬改名为‘伍廷芳’。”

这简直就是对伍廷芳的人身侮辱，可是伍廷芳不气不恼，首先称好，然后反唇相讥：“很好很好。那么，你以后可以天天抱着‘伍廷芳’接吻了。”

这位贵妇人当众出丑，尴尬万分。

贵妇人本来是想侮辱伍廷芳的，可是聪明的伍廷芳却能够不气不恼，顺着贵妇人的话继续说下去，以其人之道还治其人之身，从而捍卫了自己的尊严，也使得张扬骄傲的贵夫人无地自容。

一个资本家请画家为他画一幅肖像，但事后却拒绝支付议定的5000美元报酬。他的理由是：“画的根本不是我。”不久，画家把这幅肖像公开展览，并题名《贼》，资本家知道后，万分恼怒，打电话向画家抗议。“这事与您无关，”画家平静地答道，“你不是说，那幅画画的根本不是您吗？”资本家不得不花比原先高出一倍的价格买下这幅画。

在上述事例中，那个资本家故意刁难，竟然说画的根本就不是他，画家的自尊受到侮辱后，机智地将画公开展出，巧妙地将该肖像画命名为《贼》，这在资本家看来大大地损害了他的名声和自尊，因此暴跳如雷，提出抗议。画家又巧妙地用资本家说过的话反击他，即“画的根本不是您”。以其人之道反治其人之身，于是资本家只好忍气吞声，花更高的价把画买下。

如何才能让对手自取其辱

面对别人的欺辱，反唇相讥时最好能让对方自取其辱。

相互谩骂和人身攻击不能解决双方争吵的问题。但是面对气焰嚣张的对手，就要反唇相讥，而最好的办法是看准时机一言制人，果断中止无意义的争吵。

一个雪天的早晨，一个长工披着一张羊皮在财主院里扫雪。财主起床后看见了想趁机挖苦长工，于是大声说：

“喂，穷小子，你身上怎么长出一张兽皮？”

长工笑语以对：“老爷，你的身上怎么也长出一身人皮？”

针尖对麦芒，长工将“兽皮”换成“人皮”，就把财主放出的恶语射向了财主自己。

海涅是犹太人，经常遭到一些“大日耳曼主义者”的攻击。一次晚会上，一个自称是“素有教养”的旅行家，对海涅讲述了他在环球旅行中发现的一个小岛。他说：“你猜猜看，在这个小岛上，什么现象最使我感到惊奇？”接着他说：“在这个小岛上，竟没有犹太人和驴子！”

白了这个旅行家一眼后，海涅不动声色地反击道：“如果真是这样的话，那么，只要我和你一块到小岛上去，就可以弥补这个缺陷了！”

旅行家的本意是说海涅是犹太人，海涅却机智巧妙地将对方比作驴子，从而维护了自己的尊严。

用身体语言震慑对方

当双方对垒时，人的形体动作也是增强信心的一种武器。

以无言对恶语，对对手不理不睬。这是最为上乘的震慑。

想要震慑对方，则要装成气势汹汹的样子，而且要装得像。只有对方产生了怯意，才能将对方唬住。

下面介绍一些壮胆的办法，以便在关键时刻不畏震慑或敢于震慑对方：

1. 用你的眼睛盯视对方的眼睛，给对方以压迫感

为了证明自己观点的正确，用言语已无法奏效时，明智的人们就会改用双眼集中于他的眼睛，让自己的恼怒和要求通过这种注视传导给对方。这样可以给对方一种心理上的压迫感。

2. 要摆好架势，震慑对手

在双方对垒时，人的形体动作也是增强信心的一种武器。作家屠格涅夫在《麻雀》中写了这样一件小事：一只小麻雀从树上掉了下来，飞不动了，猎狗看见了，便跑过去。这时，一只老麻雀从树上飞下来，挡住了小麻雀，并冲着猎狗张开了全身的羽毛，恶狠狠地盯着猎狗，猎狗竟然呆住了。

麻雀其实也是在本能中利用自己的羽毛、动作、眼光这一切天生的武器向猎狗示威，驱除自己的恐惧，达到震慑对手的目的。

在体育比赛中，运动员有时为了增强战胜对手的信心，会有意识地昂首挺胸，这也是在有意识地震慑对手。

3. 占据背光位置，可产生威慑效果

站在背光的位置上，可以让对方无法认清自己的表情。对方因看不到

自己的神情，就会惶恐不安，从而使自己在气势上压倒对方。

面对奚落，顺水推舟巧应对

若判明来者不善，是怀有恶意，故意挑衅，你可以“以眼还眼，以牙还牙”，有理、有利和有节地回敬对手。

当别人挖苦你、讥讽你的时候，你可以用语言作为“护身符”，筑起堤防。“兵来将挡，水来土掩”，你可视不同的来者选择不同的应付办法。

若判明来者不善，是怀有恶意，故意挑衅，你可以“以眼还眼，以牙还牙”，有理、有利和有节地回敬对手。

20世纪30年代，一次丘吉尔访问美国时，一位反对他的美国女议员咬牙切齿地对他说：“如果我是您的妻子，我会在您的咖啡里下毒药的。”丘吉尔微微一笑，平静地答道：“如果我是您的丈夫，我会喝下那杯咖啡的。”

如果对方来势汹汹、盛气凌人，前来指责辱骂你，而你确信真理在手，则应保持藐视的目光、冷峻的笑容，让他尽情地发泄个够，而不予理会。假如有人冲着你横眉竖眼，恶语中伤地骂道：“你这个人两面三刀，专门告我的阴状，想踩着别人的肩膀往上爬，没门！”如果你心中无愧，完全不必大发雷霆，倒不妨解嘲地反诘：“哦！是真的吗？我倒要洗耳恭听。”然后诱使谩骂者说下去，直到对方找不到言辞了，你再“鸣金收兵”。在这种情况下，你以温文尔雅、彬彬有礼的方式笑迎攻击者，显然比暴跳如雷、大动肝火要好。

假如有人以半真半假的口吻问：“你得了一大笔奖金，该‘发财’了吧？”那你应避实就虚地回答：“你也想吗？咱们一块儿干。”话中带点阳刚锐气，别人再问，也不大好意思了。

假如你刚被提拔到某领导岗位，有人对此揶揄道：“这下子你可平步青云、扶摇直上了吧！”你听了不必拘谨，可一笑了之：“是这样吗？你算得这样准？”用这种不卑不亢的应酬方法，便能使对方语塞。相反，你过于计较，说出一大堆道理，倒显得太认真，反而适得其反。

如果有人用过于唐突的言辞使你受到伤害，或让你难堪，你应该含蓄以对，或装聋作哑、拐弯抹角、闪烁其词，或顺水推舟、转移“视线”、答非所问，谈一些完全与其问话“风马牛不相及”的事，用这种委婉曲折的方法反驳对手，一定会取得奇特的功效。

遇到棘手犯难的问题，若能以幽默诙谐的方式回答，往往能化险为夷，改变窘态。正所谓“山重水复疑无路，柳暗花明又一村”，让难堪的局面消失在谈笑之中。

采取灵活的措施应对别人的当众指责

有人当众对你横加指责，甚至是一顿劈头盖脸的斥骂，你得要招架住，采取灵活的应对措施，让这个令你无地自容的尴尬氛围及时得以化解。

受人指责总归是件不快之事，而受人当众指责，那更是令人不快，甚至会让人窘迫难堪，尴尬至极。这是一个协作生存的社会，无论是工作还是生活，人都难免犯错，触及他人的利益，从而引起不满，导致他人对你的指责。当然，也存在这样一种情况，错并不在你，而是一些无聊之徒，他们或抱着一种嫉妒，或抱着一种偏见，来当众对你进行攻击，目的就是要让你颜面扫地。

有人当众对你横加指责，甚至是一顿劈头盖脸的斥骂，你得要招架住，采取灵活的应对措施，让这个令你无地自容的尴尬氛围及时得以化解。

一天，一位不速之客突然闯入洛克菲勒的办公室，直奔他的写字台，并以拳头猛击台面，大发雷霆：“洛克菲勒，我恨你！我有绝对的理由恨你！”接着那不速之客恣意谩骂他达 10 分钟之久。办公室所有的职员都感到无比气愤，以为洛克菲勒一定会拿起墨水瓶向他掷去，或是吩咐保安员将他赶出去。然而，出乎意料的是，洛克菲勒并没有这样做。他停下手中的活，用和善的神情注视着这位攻击者，那人越暴躁，他便显得越和善！

那无理之徒被弄得莫名其妙，怒气也就渐渐地平息下来。因为一个人在发怒时，没有反击，他是坚持不了多久的。这位攻击者是做好了来此与洛克菲勒作斗争的，并想好了洛克菲勒将要怎样回击他，他再用想好的话去反驳。但是，洛克菲勒就是不开口，所以他不知如何是好了。

最后，他又在洛克菲勒的桌子上敲了几下，仍然得不到回应，只得索然无味地离去。而洛克菲勒呢？就像根本没发生过任何事一样，重新拿起笔，继续他的工作。

当有人怒气冲冲地当众对你大加指责时，你可以像洛克菲勒一样采取不合作的态度，不理睬对方对自己的无礼攻击。施以如此态度，实则也就是给他最严厉的迎头痛击。见到你如此反应，他就会感到索然无味，悻悻而退。成功者每战必胜的原因，就是当对手急不可耐时，他们依然保持着超常的冷静与沉着。

该不厚道时就不厚道

生活中难免会遇到尖酸刻薄的人，他们故意用一些挑衅性、污辱性甚至诽谤性的言语来嘲弄人，对这种人不能一味地礼让，而要针锋相对、反唇相讥，以自己的智慧，为自己赢得人格和尊严。

齐国的晏婴在出使楚国时就成功运用了针锋相对、反唇相讥的方法来克敌制胜。春秋时期，南方的楚国一天比一天强大起来，楚王自认为是“岭南虎”，想咬谁就咬谁。齐国虽是个大国，但楚国也不把齐国放在眼里。为了疏通国与国之间的关系，齐王派晏婴出使楚国。等到晏婴到达楚国的时候，楚王已传令说任何人都可以尽量羞辱晏婴。狭隘的楚王想借晏婴出气。当晏婴到达楚国时，前来迎接的官员见他那么矮小，就命令士兵打开城门旁边的侧门，瞧他进不进。晏婴仪表堂堂地站在正门前，一声不响。这时嬉皮笑脸的士兵走了过来，晃悠着脑袋指了指小门，说："您请进吧！"晏婴轻蔑地笑了笑，也虚指了一下侧门，打了个比喻，反击道："这是狗洞！出使狗国的人，才走狗洞。"

对待小人就是不能给以脸面，晏婴就很好地维护了自己及齐国的尊严。我们再来看一个例子：

苏联著名诗人马雅可夫斯基在一次演讲中，刚说了一个笑话，下面就有观众大声地喊道："您的笑话我听不懂。"

马雅可夫斯基幽默地回答道："难道您是长颈鹿？听说只有长颈鹿才能星期一湿了脚，到了星期六才感觉到。"

演讲过了不久，又有一个身材臃肿的人挤到了主席台面前，对马雅可夫斯基喊道："拿破仑说过，从伟大到可笑只有一步之遥。"马雅可夫斯基微笑着回答说："是的，从伟大到可笑只有一步之遥。"边说边用手指着自己和那个胖子。

观众逐渐沸腾了起来，而挑衅的声音也此起彼伏。

"马雅可夫斯基，您为什么手指上戴戒指？这对您很不合适。"

"照您说，我不该戴在手上，而应该戴在鼻子上喽！"

"马雅可夫斯基，您的诗不能使人沸腾，不能使人燃烧，不能感染人。"

"我的诗不是大海，不是火炉，不是鼠疫。"

"马雅可夫斯基，您为什么喜欢自夸？"

"我的一个中学同学舍科斯皮尔经常劝我：你要只讲自己的优点，缺点留给你的朋友去讲！"

"这句话您在哈尔科夫已经讲过了！"一个人从他座上站起来喊道。

"看来，"诗人平静地说，"这个同志是来做证的。"诗人用目光扫视了一下大厅，又说道："我真不知道，您到处陪伴着我。"

一张条子上说："您说，有时应当把沾满'尘土'的传统和习惯从自己身上洗掉，那么您既然需要洗脸，这就是说，您也是肮脏的了。"

"那么您不洗脸，您就自以为是干净的吗？"诗人回答。

面对一些无礼的观众，马雅可夫斯基用机智幽默的话语成功地化解了无礼的挑衅，从而维护了自己的尊严。机智幽默的话语更好地展现了他身为一个大师应有的魅力。

言语上让人一步，行动上先人一步

"路径窄处，留一步与人行"，是值得我们学习的人生哲学。要知道言语上隐忍，行动上好强，才是大智慧。

以退为进是人情关系学中非常重要一条锦囊妙计。你表现得以他人利益为重，实际上是在为自己的利益开辟道路。在做有风险的事情时，冷静沉着地退让一步，则更容易获得成功。

西汉时期清河人胡常和汝南人翟方进一起研究经书。胡常先做了官，但名誉不如翟方进好，所以心里总是有些忌妒，与人议论时老是不说翟方进的好话。翟方进听说了这件事，就想出了一个应付的办法。

胡常时常召集门生，讲解经书。每到这时候，翟方进就派自己的门生到那里请教疑难问题，并认认真真地做笔记。

时间一长，胡常就明白了，这是翟方进在有意推崇自己，于是心中十分不安。后来，胡常也不再在别人面前贬抑翟方进了，反而赞扬翟方进的种种优点。

尊重并突出别人的观点和利益，这是我们欲求他人合作并实现自己利益的最有力法宝。

明朝正德年间，朱宸濠起兵反抗朝廷。王阳明率兵征讨，一举将他擒获，立了大功。当时深受皇帝宠信的江彬很嫉妒王阳明，认为他夺走了自己大显身手的机会。于是就散布流言说："原来王阳明和朱宸濠是同党，后来听说朝廷派兵征讨，才抓住朱宸濠以自求解脱。"他想嫁祸王阳明并将其抓住，作为自己的功劳。

在这种情况下，王阳明和张永商量说："如果退让一步，把擒拿朱宸濠的功劳让出去，可以避免不必要的麻烦。假如坚持下去不妥协，那么江彬就会狗急跳墙，做出伤天害理的无耻勾当。"

于是，王阳明把朱宸濠交给张永，让他重新报告皇帝说："朱宸濠被抓住了，这完全是总督军江彬的功劳。"如此一来，江彬就没有话可说了。

王阳明称病到净慈寺休养。张永回到朝廷后，大力称颂王阳明的忠诚。王阳明以退让之术，避免了飞来横祸。

如果说翟方进以退让之术，最终为自己化解了一个敌人，那么，王阳明则以退让之术保全了自身。

30岁就担任美国芝加哥大学校长的科学家帕金森在当时受到不少质疑。但他用一句话就轻松化解了大家的质疑与不满。帕金森说："一个30岁的人知道的那么少，需要依赖他的助手兼代理校长那么多。"帕金森面对别人的质疑并没有尽量去表现自己的才能，没有去证明自己比别人都强。正因为他懂得谦虚比自夸更容易让别人信服的道理，才得到了大家的最终认可。

如果能懂得"以退为进"的道理，便能舍小利而占得先机。

在适当的时机和场合作出让步，使让步的作用发挥到最大，这是我们要达到的终极目标。但在谈判的实际过程中，时机是非常难以把握的，常常存在以下种种问题：

在商务谈判中，若谈判者仅仅根据自己的喜好、兴趣、成见、性情等因素使用让步策略，而不顾及所处的场合、谈判的进展情况及发展方向等，不遵从让步策略的原则、方式和方法，这种随意性导致让步价值缺失、让步原则消失，进而促使对方的胃口越来越大，在谈判中丧失主动权，导致谈判失败，所以在使用让步策略时千万不要太随意。

在商务谈判的让步策略中的清晰原则是：让步的标准、让步的对象、让步的理由、让步的具体内容及实施细节应当准确明了，避免因让步而导致新的问题和矛盾。常见的问题有：

让步的标准不明确，使对方感觉自己的期望与你的让步意图错位，甚至感觉你没有在问题上让步而是含糊其词；

在谈判中你所作的每一次让步必须是对方所能明确感受到的，也就是说，让步的方式、内容必须准确、有力度，对方能够明确感觉到你所作出的让步，从而激发对方的反应。

如果迫不得已，己方再不作出让步就有可能使谈判夭折的话，也必须把握住“此失彼补”这一原则。即这一方面（或此问题）虽然己方给了对方优惠，但在另一方面（或其他地方）必须获取回报。

当然，在谈判时，如果发觉此问题己方若是让步可以换取彼处更大的好处时，也应毫不犹豫地给其让步，以保持全盘的优势。

别人恶意诬陷，灵活应对胜过激进争辩

有些人为了达到个人的目的不惜造谣生事、诬陷诽谤，在这种情况下，如果采用激进的争辩，往往得不到理想的结局，只有具有灵活的思维和准确的分析判断能力，才能够避免被人蒙蔽，做出正确的应对。

晋文公在位的时候，曾遇到过一起发生在自己身边的陷害案。

一天，一个侍从在御膳间端了一盘烤肉，恭恭敬敬送到晋文公面前请其就餐。晋文公拿起餐刀正准备切肉，忽然发现肉上粘着不少头发。他立即放下手中的小刀，命人去找膳吏。

那个膳吏看到传召的侍从脸色不好，一路上不停地琢磨这次晋王召见的原因。究竟是刚送去的烤肉火候不够，还是烧烤时用料不当、口味欠佳呢？

他哪知道一见晋文公就遭到一阵责骂。文公气势汹汹地说道："你是存心想噎死我吗？为什么在烤肉上放这么多头发？"

膳吏一听，原来发生了一件自己没有料到的祸事。虽然他明知道这件事里面有鬼，但在君王的气头上是不能辩白的。否则如果把握不好，很容易招致横祸。因此，膳吏急忙跪拜叩头，口中却似是而非、旁敲侧击地说道："请君王息怒，奴才真是该死。烤肉上缠着头发，我有三条罪责。我用最好的磨石把刀磨得比利剑还快，它切肉如泥，可就是切不断毛发，这是我的第一大罪过；我在用木棍去穿肉块的时候，竟然没有发现肉上有一根毛发，这是我的第二大罪过；我守着炭火通红、烈焰炙人的炉子把肉烤得油光可鉴、吱吱有声、香味扑鼻，然而就是烤不焦、烧不掉肉上的毛发，这是我的第三大罪过。不过我还想补充一句，您是一位明察秋毫的贤明君主，您能不能把堂下的臣仆观察一遍，看看其中是否有恨我的人呢？"

晋文公觉得膳吏所言话外有音，所以对案情产生了怀疑。他立即召集属下进行追问，不出膳吏所料，果然找出了那个想陷害膳吏的侍从。晋文公下令杀了那个人。

无独有偶，三国时期，吴国国君孙亮的思维判断能力也非常令人折服。孙亮非常聪明，观察和分析事物都非常深入细致，常常能使疑难事物得出正确的结论，为一般人所不及。

一次，孙亮想要吃生梅子，吩咐黄门官去库房把浸着蜂蜜的蜜汁梅取来。这个黄门官心术不正而且心胸狭窄，是个喜欢记仇的小人。他和掌管库房的库吏素有嫌隙，平时两人见面经常发生口角。他怀恨在心，一直伺机报复。这次，可让他逮到机会了。他从库吏那里取了蜜汁梅后，悄悄找了几颗老鼠屎放了进去，然后才拿去给孙亮。

不出他所料，孙亮没吃几口就发现蜂蜜里面有老鼠屎，果然勃然大怒："是谁这么大胆，竟敢欺侮到我的头上，简直反了！"

心怀鬼胎的黄门官忙跪下奏道："库吏一向不忠于职责，常常游手好闲、四处闲逛，一定是他的渎职才使老鼠屎掉进了蜂蜜里，既败坏主公的雅兴又有损您的健康，实在是罪不容恕，请您治他的罪，好好儿教训教训他！"

孙亮马上将库吏召来审问鼠屎的情况，问他道："刚才黄门官是不是从你那里取的蜜呢？"

库吏早就吓得脸色惨白，他磕头如捣蒜，结结巴巴地回答说："是……是的，但是我给他……的时候，里面……里面肯定没有老鼠屎。"

黄门官抢着说："不对！库吏是在撒谎，老鼠屎早就在蜜中了！"

两人争执不下，都说自己说的是真话。

侍中官刁玄和张邠出主意说："既然黄门官和库吏争不出个结果，分不清到底是谁的罪责，不如把他们俩都关押起来，一起治罪。"

孙亮略一沉思，微笑着说："其实，要弄清楚老鼠屎是谁放的这件事很简单，只要把老鼠屎剖开就可以了。"

他叫人当着大家的面把老鼠屎切开，大家仔细一看，只见老鼠屎外面沾着一层蜂蜜，是湿润的，里面却是干燥的。

孙亮笑着解释说："如果鼠屎早就掉在蜜中，浸的时间长了，一定早湿透了。现在它却是内干外湿，很明显是黄门官刚放进去的，这样栽赃，实在是太不像话了！"

这时的黄门官早吓昏了头，跪在地上如实交代了陷害库吏、欺君罔上的罪行。

不论晋文公也好，孙亮也好，都告诉我们：对于形势复杂难以判断的事物只要全面分析、推理，开动脑筋想办法，不被表面现象所迷惑，不被事物的复杂性所吓倒，这样就能正确应对突然来临的因素。

客观世界里充满了矛盾，我们只有掌握了科学的思维方法，才能在错综复杂的矛盾面前立于不败之地。这一点，对于行走于社会的我们显得尤为关键。

第六章 说话和气是修为，做事硬气是段位

因势利导，错中求胜缓解危局

俗话说："不如意之事十有八九。"我们一生中不可能永远都是风平浪静，一帆风顺的。环境和遭遇常有不尽如人意的时候，问题在于一个人怎样面对逆境和不顺。知道人力不能改变的时候，就不如面对现实，随遇而安。与其怨天尤人，徒增苦恼，还不如因势利导，从容地适应环境，在既有的条件下，尽自己的才能和智慧去发掘乐趣。

某次婚宴上，来宾向新人祝福。一位先生激动地说道："走过了恋爱的季节，就步入了婚姻的漫漫旅途，感情的世界时常需要润滑。你们现在就好比是一对旧机器……"

其实，他本想说"新机器"，却脱口说成旧机器，令举座哗然。这对新人的不满更是溢于言表，因为他们都各自离异，自然以为刚才之语隐含讥讽。

那位先生的本意是要将这对新人比作"新机器"，希望他们能少些摩擦，多些谅解。但话既出口，若再改正过来，反而不妥。他马上镇定下来，略加思索，不慌不忙地补充一句："已过磨合期。"

此言一出，举座称妙。这位先生继而又深情地说道："新郎新娘，祝愿你们永远沐浴在爱的春风里。"

大厅内瞬间掌声雷动。

这位来宾的将错就错令人叫绝，也为自己圆了场。错话出口，索性顺着错处续接下去，反倒巧妙地改换了语境，使原本尴尬的失语化作了深情的祝福，同时又道出了新人情感历程的曲折与相知的深厚，颇有些点石成金之妙。

一般来说，在社交场合，说错了话，做错了事，无疑应当老老实实承认，认认真真改正。但在某些特定的场合，如照此办理会使自己陷入极为难堪的境地或者造成无法弥补的损失时，不妨考虑一下，能否来个将错就错，出奇制胜，从而摆脱窘境。

打圆场要让双方都满意

在别人发生矛盾争论的时候，夹在中间是比较尴尬的。作为争论的局外人，我们应当善于打圆场，让矛盾得到及时化解。但是在打圆场的时候，一定要注意一个问题，就是要不偏不倚，让双方都认为你没有偏向，都表示满意。否则，只能是火上浇油，还不如不说。

一名中年男子在一个生意红火的面摊等了半天才有了位置，要了一份自己常吃的面。一会儿面端了上来，男子张嘴想先尝一口汤。可能汤的味道刺激了他的呼吸道，随着“啊嚏”一声，他的唾液和着面汤喷在了对面一位顾客身上和面碗里。那位顾客愣了一下才反应过来，“唰”地站起来吼道:“你怎么乱打喷嚏！”

中年男子也被自己的不雅之举惊呆了，赔过礼后缓过神来，对老板脱口而出一个建议:“我告诉你不要辣椒的，你的面里怎么会有辣椒味道？你赔我的面钱，我赔人家的面钱。”老板问伙计。伙计也很委屈，他明明没有放辣椒的。

结果顾客、老板还有围观群众七嘴八舌，说得不亦乐乎。最后老板感觉这样下去不是个事，就主动打圆场，对着厨房间大手一挥，说:“算啦，再下两碗面，钞票全免了，只要大家不翻脸，和气生财么！”

两位顾客这才平静下来，都表示可以接受。从此他们和老板成了好朋友。

可见，适时地打圆场，作用非同一般。

清末的陈树屏口才极好，善解纷争。他在江夏当知县时，张之洞在湖北任督抚，谭继询任抚军，张谭两人素来不和。一天，陈树屏宴请张之洞、谭继询等人。当座中谈到长江江面宽窄时，谭继询说江面宽是五里三分，张之洞却说江面宽是七里三分。双方争得面红耳赤，本来轻松的宴会一下子变得异常尴尬。

陈树屏知道两位上司是借题发挥，故意争闹。为了不使宴会大煞风景，更为了不得罪两位上司，他说："江面水涨就宽到七里三分，而落潮时便是五里三分。张督抚是指涨潮而言，而谭抚军是指落潮而言，两位大人都说得对。"

陈树屏巧妙地将江宽分解为两种情况，一宽一窄，让张谭两人的观点在各自的方面都显得正确。张谭两人听了下属这么高明的圆场话，也不好意思争下去了。

有时候，争执双方的观点明显不一致，而且也不能"和稀泥"。这时，如果你能把双方的分歧点分解为事物的两个方面，让分歧在各自的方面都显得正确，这必定是一个上乘的好办法。

某学校举办教职员工文艺比赛，教师和员工分成两组，根据所造的道具自行编排和表演节目，然后进行评比。表演结束后，没等主持人发话，坐在下面的人就已经分成两派，教师说教师的好，员工说员工的好，各不相让。

眼看活动要陷入僵局，主持人灵机一动，对大家说："到底哪个组能夺第一，我看应该具体情况具体分析。教师组富有创意，激情四溢，应该得创作奖；员工组富有朝气，精神饱满，应该得表演奖。"随后宣布两个组都获得了第一名。

这位主持人心里明白，文艺比赛的目的不在于决出胜负，而在于丰富大家的娱乐生活，加强教职员工的交流，如果为了名次而闹翻，实在得不偿失。于是，在双方出现矛盾的时候，主持人没有参与评论孰优孰劣，而是强调双方的特色并分别予以肯定。最后提出解决争议的建议，问题自然就解决了。

在与人交往的过程中，有些场合下，双方因为彼此不同意对方的观点而争执不休时，作为圆场的人就应该理解双方的心情，找出各方的差异并对各自的优势都予以肯定，这在一定程度上能满足双方自我实现的心理。这时再提出建议，双方就容易接受了。

巧妙暗示，胜过当面指责

在交际应酬中有很多事，起因复杂，因此办起事来更复杂。许多时候我们清楚，真理是站在自己这一边的，但这并不意味着，有了道理就可以把事办成。

莫比尔是一所大学的老师，他有一个学生因非法停车而堵住了一个学院的入口，他冲进教室，以一种非常凶悍的口吻问道："是谁的车堵住了车道？"当车主回答时，这位老师吼道："你马上给我开走，否则我就把你绑上铁链拖走。"

这位学生是错了，车子不应该停在那儿。但从那一刻起，不止这位学生对莫比尔的举止感到愤怒，全班的学生都尽量地做些事情以造成他的不便，使得他的工作更加不愉快。

莫比尔原本可以用完全不同的方式处理的。假如他友善一点："车道上的车是谁的？"并建议说，"如果把它开走，那别的车就可以进出了。"这位学生一定会很乐意地把它开走，而且他和他的同学也就不会那么生气了。

在做事的过程中，即使自己是对的，别人绝对是错的，我们也会因为让别人丢脸而毁了一切。一生具有传奇色彩的法国飞行先锋和作家安托安娜·德·圣苏荷依写过：“我没有权利去做或说任何事以贬抑一个人的自尊。重要的并不是我觉得他怎么样，而是他觉得他自己如何。伤害他人的自尊是一种罪行。”

这种巧妙暗示的方法，使人们易于改正他的错误，又保护了人们的自尊，使他自以为很重要，使他希望和你合作把事情办好，而不是反抗或抵触。

英国一家大超市的经理伊尔奇每天都到他的连锁店去巡视一遍。有一次他看见一名顾客站在台前等待，没有一人对她稍加注意。那些售货员呢？他们在柜台远处的另一头挤成一堆，彼此又说又笑。身为经理的他当然对这一情况很不满意，一定要纠正这种不负责任的行为。但伊尔奇并没有直接地指责那些在上班时间闲谈的售货员，他采取了巧妙暗示、保全员工面子的方法处理了这件事。他不说一句话，默默站在柜台后面，亲自招呼那位女顾客，然后把货品交给售货员包装，接着他就走开了。售货员当然看到了这个情况，自责的他们从此以后再也没有发生类似情况。

伊尔奇没有直接指责员工的不负责，而是亲自去为顾客服务，让员工自己意识到自己的失职，间接地纠正了员工的错误。

卡尔·兰福在佛罗里达州奥兰多市当了许多年的市长。他时常告诉他的部属，要让民众来见他，他宣称施行“开门政策”。然而他社区的民众来拜访他时，都被他的秘书和行政官员挡在门外了。

最后，这位市长找到了解决的办法。他把办公室的大门给拆了，他的助手们知道了这件事，也只好接受了。从此之后，这位市长真正做到了“行政公开”。

与人交往、相处、合作的时候，如果别人做事的方法不符合你的要求，不要当面指责，这只会引起对方的反抗，这很容易把事搞砸。相反巧妙地暗示对方注意自己的错误，则可以轻松地把事情处理好。

欲擒故纵，等待最佳反击时机

在辩论场上，不妨与对方慢慢周旋，以便抓住对方的弱点，静待反击的最佳时机，进而取得最后的胜利。

说起辩论，也许我们立马会想到唇枪舌剑、针锋相对等激烈的词语。可是有时候这种简单而激烈的抗衡会让双方都陷入尴尬的境地而难以解脱，辩论也不会有什么实质性的结果。倘若我们能在激烈的辩论场上沉着应战，另辟路径，以不变应万变，与对方慢慢周旋，发现对方的破绽，抓住对方的弱点，然后一鼓作气，突破僵局。

律师怀特竭力为有杀妻嫌疑的布莱尔辩护，而对方的律师麦纳斯提出了对布莱尔十分不利的证据：布莱尔曾向麦纳斯提出过，要麦纳斯帮助他与妻子离婚。麦纳斯认为，布莱尔在无法达到离婚目的时，很可能会采取极端措施。

怀特沉思片刻之后，便开始与对方周旋："关于离婚的案子，我倒是个外行，但是我知道我们周围每天都有很多人离婚，麦纳斯作为办理离婚案子的精英，是不是每天都很忙啊？"

麦纳斯很自信地回答道："要我处理的案子一年有200件，当然很忙。"

麦纳斯开始犹豫起来，实际离婚的人数并没有那么多。麦纳斯有点底气不足："可是……其中有些人……因为这样那样的原因改变了主意。"

"啊！您是说有重新和好的可能，大概有10%的人不想真离婚？"怀特觉得机会来了。

麦纳斯回答说："百分比还要高一些。"

"高多少，有20%？"

“接近40%。”

“麦纳斯先生，这也就是说，去找您的人中有近一半最后决定不离婚？”

“是的！”麦纳斯觉得自己上当了，但是已经晚了，也只好如实回答。

“喂，我想这不会是因为他们对您的能力缺乏信任吧？”怀特步步逼近。

“当然不是！”着急的麦纳斯急忙自我辩解，“他们常常一时冲动，就跑来找我。可是一旦真的要离婚，便改变了主意……”这时候，麦纳斯完全中了怀特的圈套。

“谢谢，”怀特“欲擒故纵”的战略取得了圆满成功，“你真帮了我的大忙。”

结果可想而知，布莱尔被判无罪。

在这个案件中，怀特使用了“欲擒故纵”的战略：先坦率地承认自己对离婚案是外行，恭维对方很忙，对方因此得意忘形，使案件朝着有利于己方的方向发展。怀特抓住对方的一个破绽，然后步步为营，步步诱导，使对方说出了否定自己的话。

总而言之，当处于某种境地而不知所措时，我们不妨换个思路，换一种方式，试着采用“欲擒故纵”的战术，与对方周旋，以便抓住对方的弱点，找准反击的最佳时机，也许这样便能“柳暗花明又一村”。

釜底抽薪，攻其要害

釜底抽薪法就是要找出对方论据中的虚假处，用确凿的事实来反驳对方，这样，对方精心构筑的言论布局就会因基础瓦解而全面崩盘。

釜底抽薪、攻其要害是一种通过论证对方论据的虚假，来反驳对方论点的方法，也是一种最基本的辩论技巧。因为，论点来自论据，论据孕育论点。论据真实，则论点正确；论据虚假，则论点谬误。所以，驳倒了论据，有如釜底抽薪，是从根本上展开对对方论点的反驳。

运用这种论辩技巧，一定要紧扣论据与论点之间辩证统一的逻辑关系。如果论据与论点之间并无内在联系，反驳论据必然落空。

美国第十六任总统林肯年轻时是一位律师。一次，他得悉朋友的儿子小阿姆斯特朗被控为谋财害命，已初步判定有罪。他以被告律师的身份，到法院查阅了全部案卷，知道全案的关键在于原告方面的一位证人福尔逊。因为他发誓说在10月18日的月光下，清楚地目击了小阿姆斯特朗用枪击毙了死者。对此，林肯要求复审。在这场精彩的复审中，有以下一段对话：

林肯问证人福尔逊："你发誓说看清了小阿姆斯特朗？"

福尔逊："是的。"

林肯："你在草堆后，小阿姆斯特朗在大树下，两处相距二三十米，能认清吗？"

福尔逊："看得很清楚，因为月光很亮。"

林肯："你肯定不是从衣着方面看清他的吗？"

福尔逊："不是的，我肯定看清了他的脸。"

林肯："你能肯定时间是在11时吗？"

福尔逊："十分肯定，因为我回屋看了钟，那时是11时15分。"

林肯问到这儿就转过身来，发表了一席惊人的讲话："我不能不告诉大家，这个证人是一个彻头彻尾的骗子。他一口咬定10月18日晚上11时在月光下看清了被告的脸。请大家想想，10月18日那天是上弦月，晚上11时月亮已经下山，哪里还有月光？退一步说，也许他时间记得不十分精确，时间稍有提前。但那时，月光是从西往东照，草堆在东，大树在西，如果被告的脸面对草堆，脸上是不可能有月光的！"

大家先是一阵沉默，紧接着掌声、欢呼声一起迸发出来，福尔逊傻了眼。在这里，林肯运用了釜底抽薪的反驳技巧，戳穿了福尔逊的谎言，澄清了事实，彻底驳倒了福尔逊的论点，还小阿姆斯特朗以清白。

釜底抽薪法就是要找出对方论据中的虚假处，用确凿的事实来反驳对方，这样，对方精心构筑的言论布局就会因基础瓦解而全面崩盘。

激烈的辩论台前难免会碰到咄咄逼人或是气势汹汹的对手，其语言攻势如同锅中热水，往往达到了沸沸扬扬的程度。面对这种情况，舌战的当务之急就是抑制对方逐渐高涨的气势，而抑制的最佳方法就是抽去“锅下的柴火”，从根本上解决问题。正如古人所云：“故扬汤止沸，沸乃不正；诚知其本，则去火而已矣。”

巧设圈套，请君入瓮

当对方不轻易上钩时，便辅之以激将等法，来尽快诱使对方进入你预先设好的圈套。这是诱敌入瓮的关键所在。

作为一种辩论技巧，“请君入瓮”的关键就在于巧设圈套和伺机点破，使对方“哑巴吃黄连——有苦说不出”，无言以对，俯首以输。

英国文学家萧伯纳在一个晚会上，独自坐在一旁想心事。

一位美国富翁非常好奇，便走过来对萧伯纳说：“萧伯纳先生，我想出一块钱来打听你在想什么？”

显然，这位富翁不但干扰了萧伯纳先生的思绪，而且还浑身散发着一股铜臭味。他的话不仅俗不可耐，而且完全是对萧伯纳人格的侮辱。

对富翁庸俗的做派，萧伯纳决定给予反击。他抬头看了一眼富翁，说：“我想的东西不值一块钱。”

这下更引起了富翁的好奇，他急不可待地问道：“那么你究竟在想什么东西呢？”

萧伯纳笑了笑，叹了口气说：“我想的东西就是你呀！”

萧伯纳的回答可谓典型的“请君入瓮”。富翁问他在想什么，如果他直接回答的话，必然兴味索然，达不到反击的目的。而他所说的“我想的东西不值一块钱”，自然就勾起了富翁的好奇心，使他不知不觉地上钩，非要对“不值一块钱”的“东西”问个水落石出不可。萧伯纳见“蛇”已“出洞”，便抓住玄机揭“谜底”，于是道出了“我想的东西就是你”。语言虽然简短，但却巧妙地给了富翁当头一棒。

使用请君入瓮这一辩论技巧，必须注意以下三个问题：

第一，圈套要设好。

在揣摩对手心理状态的基础上，主动以进攻者的姿态发问，或假设其事，或虚言夸张，巧布疑阵，设好“口袋”，诱使对方上钩，为后面做好准备。

第二，反击要有力。

一旦对方已经进入“口袋”，就应不失时机地扎紧袋口，迅速出击，瓮中捉鳖，不给对方以回旋的余地。

反击时要配以类比、归谬、两难推理等方法，与前面设下的圈套遥相呼应，由此及彼，抓住要害，给予有力的反击。

第三，引诱要巧妙。

可以采用障眼法，巧布疑阵，不露痕迹，以免被对方识破而功亏一篑。当对方不轻易上钩时，便辅之以激将等法，来尽快诱使对方进入你预先设好的圈套。这是诱敌入瓮的关键所在。掌握好这一技巧，则能使自己的辩论无懈可击。

巧施策略，反驳对方的诡辩

诡辩的逻辑如果是错误的，不妨顺着这个错误的逻辑，将错就错，就地取材，进行反驳。

在现实生活中，有的人为了维护自己的观点或看法，往往会以诡辩来向对方发难，陷对方于被动尴尬的境地。诡辩在辩论中固然厉害，但诡辩自身存在着语言模糊、内容矛盾、逻辑错误等方面的局限性，因此反驳诡辩可行的方法就是抓住本质加以辩驳。

诡辩的语言如果含混不清、模棱两可时，可通过对其语言进行判断、分析，解释批驳他的荒谬观点和不实之词，阐明自己的立场和观点。请看老张和老刘的辩论：

老张问："在金钱和道德之间，你选哪一个？"

老刘不假思索地回答："当然选道德，难道你选金钱？"

老张诡秘地说："我是选择金钱，因为我缺少金钱。你选择道德，那是因为你缺少道德。"

老刘听了老张的不友好言语，立即反驳说："你的话只讲对了一半，十分的道德，我已有九分，还缺少一分，所以我选道德；万贯的家财，你已有九千贯，但你还缺少一千贯，所以你选金钱。因此，准确地说，我选道德是我崇尚道德，你选金钱是你贪图金钱。"

从上例不难看出：老刘重义，老张重利。然而，老张为了给老刘脸上抹黑，构设了一个以模糊语言为核心的诡辩以嘲讽老刘。这个诡辩的关键词语"缺少"在特定语境中是很模糊的，即包含了"缺得很多、缺得不多、缺一点点"等方面的意思。老刘的反驳针对"缺少"这一模糊的词语，用形象的语言清晰地把它量化出来，否定了自己"缺德"、老张"缺钱"的荒谬论断，最后用"崇尚"来褒扬自己对道德的追求，用"贪图"来贬斥对方对金钱的贪得无厌。

只要能在以上三个方面中的任何一个找到突破口，就可以轻松反驳对方的诡辩。

先发制人，获取辩论中的主动权

在辩论时，最经常也是最奏效的战略就是主动出击，先发制人，因为只有在进攻、进攻、再进攻中才能始终把握主动权。

“先发制人”重在一个“先”字，贵在一个“制”字。当你了解别人将要说一些对你不利的话或让你办一些不想办的事时，你可抢先开口，或截、或封、或堵、或围、或压、或劝，明确地告知对方免于开口，打断对方的话题，用其他话题岔开。这样就能牢牢掌握交际的主动权，达到自己拒绝的目的。

辩论不是简单的舌战，更不是街头泼妇骂架，而是进攻与防守综合艺术的运用。顾头不顾尾的蛮攻和忍气吞声的防守都会造成满盘皆输。

孙子曰：“备前则后寡，备后则前寡，备左则右寡，备右则左寡，无所不备，则无所不寡。”在辩论时，最经常也是最奏效的战略就是主动出击，先发制人，因为只有在进攻、进攻、再进攻中才能始终把握主动权。但不能盲目进攻，要掌握进攻技巧，才能取得好的效果。

1. 正面进攻

辩论中，与对方短兵相接，面对面地直接驳斥对方的论点，尤其是中心论点，指出对方论点的错误和明显违背事实和常理的地方，使其主张不能成立，是辩论制胜的法宝。这就是所谓正面进攻。这是大规模的正规军决战常用的手法，最常用，也最难以掌握。

1988 年，“亚洲地区大学生论辩赛”预赛的第一场，香港中文大学队对新加坡国立大学队，辩题是“个人功利主义是社会进步的最重要因素”。辩题即论点，站在反方的香港中文大学队的一名队员发言指出：

“孙中山领导辛亥革命，推翻了中国两千多年的封建统治，难道是因为个人功利主义吗？爱迪生发明了电灯，造福于全人类，难道是因为个人功利主义吗？”

上述例子中采用的就是正面进攻，直接反驳辩题。只用两个反问句，举出两个无可辩驳的历史事实。孙中山领导的辛亥革命，中国及全世界都知道；爱迪生的科学发明，给全世界带来了光明，更是世人皆知。论者用这两个促进社会进步的重大历史事实，直接证明“个人功利主义是社会进步的最重要因素”这一论点的错误。这一方法的效果是全面而且有力的。

2. 侧面进攻

侧面进攻指不与对方正面交锋，或是因对方论点看似十分坚强，难以找到漏洞，而从侧面驳斥对方的论据，或提出对方论据逻辑上的毛病，加以迎头痛击，彻底打垮对方。

3. 迂回进攻

迂回进攻是指不与对方近距离接触，而先远距离地进攻，如从挑剔对方的论辩态度不妥或论辩风度有失，开始诘难，进而抓住对方的论辩企图，深入进行驳诘。用这种方法，往往使对手措手不及，难以应答。

4. 包围进攻

包围进攻是指当对方分论点很杂时，可以分割包围对方核心论点、周围的分论点及论据，逐一进行驳诘，最后推翻对方的核心立论。既然对方分论点不能成立，其核心立论自然不成立。在辩论中，要做到先发制人，抢先掌握主动权，只有以正确的进攻方式攻击对手，在攻击过程中发现对方的破绽抢先下手，进而穷追猛打，方可达到预先目的，并一举取胜。

侧击迂回，举重若轻显真功夫

迂回就是一种拖延战术，目的是要争取更多的时间以促进沟通的进行。如果沟通不畅，可以考虑用迂回的方式寻求外界支援或是跳离原来的沟通模式，以特殊方法突破沟通障碍，让沟通顺畅。

说话兜圈子虽然给人啰唆的感觉，但是它能更好地突破沟通障碍，让沟通顺畅。

一次，德皇威廉二世派人将一艘军舰的设计图交给一个造船界的权威人士，请他评估一下。他在所附的信件上告诉对方，这是他花了许多年，耗费了许多精力才研究出来的成果，希望对方能仔细鉴定一下。

几个星期之后，威廉二世接到了权威人士的报告。这份报告附有一叠以数字推论出来的详细分析，文字报告是这么写的：

"陛下，非常高兴能见到一幅绝妙的军舰设计图，能为它作评估是在下莫大的荣幸。可以看得出来这艘军舰威武壮观、性能超强，可说是全世界绝无仅有的海上雄狮。它的武器配备可说是举世无双，舰内设施豪华。这艘举世无双的超级军舰只有一个缺点，那就是如果它一下水，马上就会像只铅铸的鸭子沉入水底。"

威廉二世看到了这个报告，不但没为设计失败而气恼，反而禁不住笑了起来。

说话高手并不是指那些会说好听的话、使用华丽辞藻的人，而是善于运用迂回婉转说话技巧之人。

避其锋芒，抓其要害

"治兵如治水：锐者避其锋，如导疏；弱者塞其虚，如筑堰。"在中国古代的兵书中，有许多关于作战方法和作战技巧的描述。"避其锋芒，抓其要害"就是非常典型的一种。

众所周知，孙膑和庞涓都是战国时期的军事家，他们两个人的争斗从孙膑下山的那一刻便开始了，孙膑为此被剔去了膝盖骨，还差点死于庞涓之手。他被迫装疯卖傻，才得以从庞涓的手中逃脱，来到了齐国。这两个人本来师出同门却变得势同水火，分别就职于两个国家的二人也经常在战场上交手，也因此才创造了中国历史上的许多战争奇话。“围魏救赵”便是其中的一个，这是一场从对手的“后方”入手，从而实现救助同盟国的战争。齐威王三年（公元前354年），魏惠王想一泄失去中山的仇恨，便派大将庞涓前去攻打。中山原本是东周时期魏国北邻的一个小国，后来被魏国收服，赵国乘魏国丧国之机，强占了中山。此时的魏国已经今非昔比了，对此一直耿耿于怀的魏惠王，终于找到了合适的时机可以一雪前耻。

魏将庞涓认为中山不过弹丸之地，距离赵国很近，不如直接攻打赵国的都城邯郸，既解旧恨又能削弱赵国，可谓一举两得。魏惠王听了十分满意，便决定以此为首，开始他的霸业。于是，魏惠王调拨五百战车，由庞涓率领，直奔赵国。

庞涓治军有方，军队战无不胜，很快便包围了赵国的都城邯郸，赵国形势危急。第二年，赵国逼于无奈只得向齐国求救，并许诺解围后以中山相赠。齐威王打算任用孙膑为主将救援赵国，孙膑辞谢说：“受过酷刑的人，不能任主将。”实际上，孙膑是另有打算。于是齐威王就任命田忌做主将，孙膑做军师，领兵前往救援。

田忌与孙膑率兵进入魏赵交界之地，田忌本来打算领军直接去赵国与魏军作战，孙膑制止说：“想解开缠绕在一起的乱丝，不能紧握双手生拉硬扯；解救纠缠在一起斗殴的人，不能卷进去胡乱搏击。要扼住争斗者的要害，争斗者因形势限制，就不得不自行解开。如今魏赵两国相互攻打，魏国的精锐部队必定在国外精疲力竭，老弱残兵在国内疲惫不堪。你不如率领军队火速向魏国的国都大梁挺进，占据它的交通要道，冲击他军备空虚的地方，魏国国都被围困，魏王肯定会下令庞涓放弃攻打赵国而回兵自救。我们再在庞涓回师的必经之路，中途伏击他，必定可以大获全胜。这样，我们不但可以一举解救赵国之围，又可坐收魏国自行挫败的成果。”

田忌听取了孙膑的意见，出兵围困魏国的都城大梁。魏国都城情势危急，魏王果然下令庞涓回军自救。庞涓本来以为对赵国的战争马上就要大功告成了，收到魏王的命令后，非常着急，丢掉粮草辎重，星夜从赵国撤军回国。孙膑预先在魏军回国的必经之地桂陵（今河南长垣西北）设下埋伏，当庞涓率领长途跋涉、疲惫不堪的魏军经过时，齐军突然出击，大败魏军。最后，庞涓勉强收拾残部，退回大梁。齐国军队大胜，赵国的危机也相应地解除了。这场战役便是历史上著名的“桂陵之战”。

孙膑以一个旁观者的眼光去看待这场战争，他看到了解决问题最有效的方法，他找到了庞涓的“罩门”，只要从他的这个“罩门”入手，一切问题便都迎刃而解了。这种“曲线救国”的策略，在现代生活中，也可以帮助我们收获得更多。

无论是实力雄厚者，还是实力弱小者，巧妙地运用一些作战技巧，总是可以事半功倍，收到意想不到的效果。生活中，也是如此，也需要有相应的技巧和策略，运用它们，我们或可以用最小的付出，获得最大的回报，这样的事情何乐而不为呢！

打蛇打七寸，牢牢控制对方

“七寸”是蛇心脏的所在部位，找准这个位置，可以将蛇一招毙命。与之类似，在局道的世界里，找到那个至关重要的点，再以此为突破口，才是获胜的最佳手段。

汉代的朱博，出身于贫困家庭，青年时代，曾在县里当过亭长，交友广泛，刚直正义，先后升迁为功曹、冀州刺史、琅琊太守，因其行事果断干练、才能过人而得到了属下与百姓的爱戴。同时，他也是个善于运用局道的人，虽然他是武将出身，但却懂得巧妙地利用别人身上的“把柄”，来实现自己的目的。朱博在调任左冯翊地方官期间，长陵一带，有个大户人家出身的人，叫尚方禁。他年轻时曾强奸别人的妻子，被人用刀砍伤了面颊。如此之恶棍，本应重重惩治，只因他大大地贿赂了官府的功曹，不但没有被革职查办，反倒被调升为守尉。

朱博上任后，有人向他告发了此事。朱博觉得真是岂有此理，就找了个借口，召见尚方禁。尚方禁见新任官员突然召见自己，心中不禁七上八下，但又不能躲避，只得硬着头皮来见朱博。朱博仔细看尚方禁的脸，发现果然有疤痕，于是让侍从退开，假装十分关心地询问尚方禁：“你这脸上的伤痕是怎么搞的呀？”

尚方禁做贼心虚，知道朱博已经了解了他的情况，心想这下肯定完蛋了，就像小鸡啄米似的接连给朱博叩头，嘴里不停地说道：“小人有罪，小人有罪。”

朱博见他也不隐瞒，便说：“既然知道自己有罪，那就原原本本地给我讲来！”

尚方禁如实地讲了事情的经过，他头也不敢抬，只是一个劲地哀求道：“请大人恕罪，小人今后再也不干那种伤天害理的事了。”

“哈哈哈……”朱博突然大笑道，“男子汉大丈夫，发生这种事情本是难免的。本官想为你雪耻，给你个立功的机会，你会效力吗？”

尚方禁开始被朱博的笑声吓得身上直起鸡皮疙瘩，心想这下要倒大霉了。但听着听着，终于缓过气来。朱博刚说完，他“扑通”一下跪倒在地，说道：“小人万死不辞，一定为大人效劳。”

于是，朱博命令尚方禁不得向任何人泄露这次谈话的内容，要他有机会就记录其他官员的一些言论，及时向朱博报告。尚方禁俨然成了朱博的亲信、耳目。

自从被朱博宽释并重用之后，尚方禁对朱博的大恩大德铭记在心，干起事来特别卖命，工作成效也十分明显。不久，就破获了许多起盗窃、强奸等犯罪案，使地方治安情况大为改观。朱博于是提升他为连守县县令。

一个曾经的恶棍，在与朱博的对弈中，输得一败涂地。因为朱博掌握了他的“把柄”，但却没有落井下石，而是以此为契机，让他从一个恶棍，变成了一个为民办事的官员。

又过了相当长一段时间，朱博突然召见那个当年收受尚方禁贿赂的功曹，对他进行了严厉的训斥，并拿出纸和笔，要那位功曹把自己受贿的事全部写下来，不能有丝毫隐瞒。那功曹早已吓得像筛糠一般，只好提起笔，写下自己的斑斑劣迹。

“记住！如果有半句欺骗的话，当心你的脑袋搬家！”朱博又大吼了一声。

这一声可吓坏了那位功曹，他早已知道朱博办事，说到做到，是一位不好惹的上司，连忙说：“小人一定依照大人指示，如实坦白。”

由于朱博早已从尚方禁那里知道了这位功曹贪污受贿的事，看了功曹写的交代材料，觉得大致不差，就对他说：“你先回去好好反省反省，听候裁决。从今往后，一定要改过自新，不许再胡作非为！”说完就拔出刀来。

那功曹一见朱博拔刀，吓得两腿一软，又是打躬又是作揖，嘴里不住地喊：“大人饶命！大人饶命！”只见朱博将刀晃了一下，一把抓起那位功曹写下的罪状材料，三两下将其削成纸屑，扔到纸篓里去了。

自此后，那位功曹终日如履薄冰、战战兢兢，工作起来尽心尽责，不敢有丝毫懈怠。

武将出身的朱博，身为一个文官，懂得以文官的方式去处理问题。他对于曾经犯错的人不是“一棍子打死”，而是利用他们的把柄，让他们尽心竭力地弥补自己的过错，重新回归那个善良的“我”。在这场善与恶的对弈中，朱博赢得非常漂亮。

现实中，击中对方“要害”便可让其“毙命”，这个道理非常简单。但某些情况下，我们并不需要将对方置之死地，只是需要让他们发生一定的改变，便可以达到自己的目的，此时了解并好好把握他们的“要害”，便可以将对方牢牢地控制住。

火烧乌巢，找准对手的命门

“兵马未动，粮草先行”，这是战争的一个必备常识，粮草是战争的关键与核心，它就相当于是建筑物的地基，没有地基，建筑物根本无法落成，同样的，没有粮草，士兵根本无法生存，就更谈不上打仗了。

其实，这也从另一个侧面，给参战者提供了一个快速取胜的方法。只要寻找机会，解决了对手的粮草，也就相当于是结束了这场战争，并且是在还未开战之前，便已经获得了胜利。

东汉末年，农民起义风起云涌，虽然最终被镇压了下去，但也严重削弱了中央的力量，同时割据势力得到了迅速的发展，主要有河北的袁绍、河内的张扬、兖豫的曹操、徐州的吕布、扬州的袁术、江东的孙策、荆州的刘表、幽州的公孙瓒、南阳的张绣等。经过多年的兼并战争后，袁绍和曹操两大集团逐步发展壮大了起来。

袁绍拥有冀、青、幽、并四州，自恃兵多粮足，图谋消灭占据兖、豫二州的曹操。东汉建安五年（公元 200 年），袁绍率精兵十万南下，进攻已经进驻官渡的曹操。两军在官渡一时难分胜负，相持了数月之久。双方相持的时间越长，对袁绍便越有利，他深知曹操军粮不足，一定坚持不了多长时间，到时，自己便可以不战而胜了。曹操也意识到了自身的问题，在毫无办法的时候，也曾经想过要退回许昌（今河南许昌东）。

正在曹操苦于无计可施的时候，一个关键的人物帮助了他，这个人就是他少年时代的同学许攸。许攸本是袁绍军中的谋士，曾多次建议袁绍趁曹军主力在官渡时，派出一小支兵马，绕过官渡，偷袭许昌，以便断了曹操的后路，可是袁绍对于他的建议并未予以采纳。许攸见袁绍刚愎自用，大好的时机也不肯好好地把握，便知他大势已去。恰好这时，有人从邺城送给袁绍一封信，说许攸家里的人在那里犯了法，已经被当地官员逮了起来。袁绍看了信，把许攸狠狠地骂了一通，他也有被株连的可能，于是他便趁势离开袁绍，来投奔曹操。

许攸来到曹营的时候，曹操已经躺下要睡了，听到卫兵报告说“许攸来访”，高兴地鞋子也顾不上穿，赤脚便去相迎。曹操之所以如此重视这个老同学，是因为他知道许攸是袁绍军营中的谋士，对于袁军的情况了如指掌，许攸此时到来，必定可以帮自己的大忙。两人叙了一番旧后，曹操情不自禁地问：“子卿（即许攸）远道而来，看来此战我军必可大胜。”

许攸听了曹操这样的话，便也不再拐弯抹角，直接问曹操：“袁军人多势众，粮草充足，你打算怎么办？不知你目前军中还有多少粮草？”

曹操撒谎说：“军中的粮草，大概还可以支撑一年的时间。”

说罢，见许攸不相信，便又说“大概可以支撑半年了。”

许攸脸上仍然是一副不相信的表情，这才不得不实话实说：“好了，其实只够一个月的时间了。”

许攸见曹操说了真话，这才将袁军的情况大致地跟曹操说了一下，而且也告诉了曹操袁军在乌巢（今河南境内）存粮的情况，并建议说：“此时的状况，是曹军以弱敌强，若在这个时候退后，必会被袁军乘胜追击，所以我们应该出奇制胜。可以命轻骑去偷袭乌巢，断了袁军的后路，来他个‘釜底抽薪’。”

此计正中曹操的下怀，他也一直有此想法，无奈对于袁军的粮草集结地，始终无法得知，如今许攸前来，等于是“天助我也”，曹操的大计便可成了。

于是，曹操立即命曹洪、荀攸留守官渡大营，自己则亲自带五千精锐轻骑，化装成袁军的样子，打着袁军旗号，每人手中拿着一把干柴，连夜起程，从间道直奔袁军的粮草集结地乌巢。途中也曾遇到袁军的巡哨，但因曹操的部下个个都是袁军的打扮，巡哨自然也没放在心上，经过了重重关卡后，顺利地到达了目的地乌巢。

曹操下令将粮囤围住，放火焚烧，霎时间，烟雾腾空，火光四起。袁军慌作一团，纷纷赶来救火。守粮官在救火的时候才发现，士兵中有些人虽是袁军打扮，但并不出手救火，这才意识到原来这伙人是曹兵。于是，守粮官即刻命人向袁绍报告，请求援助，同时，又拼死组织反抗曹操的轻骑。

曹操的五千轻骑奋勇杀敌，在袁绍的援军赶到之前，便将乌巢的守军打了个落花流水，退回曹军的大营去了。袁绍收到消息，知道自己的粮草被烧了个精光，捶胸顿足，气愤不已。士兵们听到这个消息，个个人心惶惶，纷纷在为自己想后路，军心很快就受到了影响。曹操乘此时机，全线出击，歼灭了袁军七万多人。袁绍父子败北，率领剩下的八百余人向北逃窜。

官渡之战以曹军大获全胜告终，这是中国古代战争史上以少胜多的有名战例。在这场战争中，如果曹操与袁军正面交锋，成功的可能性微乎其微。但是，他却以弱势的兵力，战胜了袁绍的大军，关键在于，他把握住了袁军的根本，也是参战者的根本——粮草，他巧妙地摧毁了袁军的粮草，也就相当于使袁军不战而败。

在我们的人生中，只要你能找到对手所必需的那些“粮草”，你便抓住了对手的“命门”，胜利便不再那么遥不可及了。

第七章 处变不惊，妙语应对他人不善

以其人之道，还治其人之身

当有人无理取闹时，聪明的人不妨以其人之道还治其人之身，进行有力而又不失礼的反击，一举攻陷对手。

“以其人之道，还治其人之身”是指按照对方的逻辑去理解或推论，由此及彼，最后物归原主，使其搬起石头砸自己的脚，自食其果。

这种返还幽默法，要善于抓住对方的一句话、一个比喻、一个结论，然后把它接过来去针对对方，即把对方给自己的荒谬语言或行为及不愿接受的结论，经逻辑演绎后还给他，以其人之道，还治其人之身。

这种方法用于对付那些耍赖之人最有成效，往往能使对方的无理取闹不攻自破，使对方作茧自缚。

一位懒汉去朋友家做客。早晨起床后，自己不但不收拾床铺，朋友替他叠被时，他还振振有词地说：“反正晚上要睡，现在何必去叠！”饭后，懒汉将碗筷一推，一动不动地坐在沙发上闭目养神。朋友又得收拾桌子，又得洗刷餐具，懒汉说：“反正下顿还要吃，现在何必洗呢？”到了晚上，朋友劝他把脚洗一洗，这样既讲卫生，又有益于健康。懒汉又耍懒，反驳说：“反正还要脏，现在何必洗呢？”于是，朋友打算惩治他一下。第二天，吃饭的时候，朋友只顾自己，对懒汉不管不顾。懒汉来到饭桌旁，见没有自己的碗筷，便嚷道：“我的饭呢？”朋友问道：“反正吃了还要饿，你又何必去吃呢？”睡觉的时候，朋友也同样只顾自己，不理懒汉，懒汉见状，焦急地问道：“我睡哪儿？”朋友反驳道：“反正迟早要醒，你又何必要睡？”懒汉急了，叫道：“不吃，不睡，不是要我死吗？”朋友泰然答道：

“是啊，反正总是要死，你又何必活着？”说得懒汉哑口无言。

故事中的朋友紧紧抓住了懒汉的荒谬逻辑，顺竿上树，以其人之道，还治其人之身，使得懒汉无话可说。

在使用“以其人之道，还治其人之身”式幽默术时，关键在于抓住对方的语言逻辑，然后以此为基点，推出荒唐的结论，令对方的诘难不攻自破。

做老实人说老实话，本来应该是一条为人处世的准则，但若太过老实宽厚，反倒会纵容别人不适当的言行。所以，面对别人的无礼攻击和嘲笑挖苦，我们一定要学会以其人之道还治其人之身，维护自己的利益和尊严。

从前有位贪婪成性的大财主，每次吩咐别人办事时都想从别人身上揩点油水。有一天，财主派一名长工去买酒，但又不给长工钱，分明是要长工自己掏腰包买酒给他喝。长工感到有些莫名其妙，便问：“老爷，没有钱怎么能买到酒呢？”财主生气地说：“花钱买酒谁不会呢？要是你能不用钱就买回酒，那才是有本事呢！”这位长工本来就机智过人，他知道财主的心眼小，于是，便一言不发地拿着酒瓶出去了。

过了一会儿，长工拿着空瓶回来，他走到财主身边说：“老爷，酒买回来了，你慢慢喝吧！”财主拿过酒瓶一看，里面空空如也，便大发雷霆：“岂有此理，你是怎么给我办事的？酒瓶空空，叫我喝什么？小心我扣你半年工钱！”

那位长工慢悠悠地说道：“老爷，酒瓶里有酒谁不会喝，你要是能够在空瓶里喝出酒来，那才是真有本事呢！”财主气得直翻白眼，一句话都说不出来。

显然，这位大财主只想占长工的便宜，如果长工不能有效地反驳他荒谬的论调，就有可能遭到财主的严厉训斥，或者是自己贴钱给财主买酒，无论如何，吃亏的都是他自己。

在现实生活中，如果我们遇到了无理取闹、蛮不讲理的人，也一定要据理力争，适当反驳，切不可一味地任其摆布。那么，具体应该如何去反击这种无理取闹的行为，让对方承认自己的错误呢？首先，要控制自己的情绪。以大丈夫的涵养与气量，在气质上镇住对方。然后，要冷静考虑对策，从中选出最佳方案，以免做出莽撞之举。最后，还要选准打击点，反击力要猛，使对方哑口无言。

嘉华和浩明同是一家外贸公司的职员，他们的主管是从日本留学回来的。由于这家公司主要从事对日贸易，所以稍微懂得日语的人很吃香。他们的主管能说一口流利的日语，自然成为老板眼中的红人。但这个主管是个很高傲、瞧不起人的人，尤其当他得势之后，就更加目中无人了。他对手下员工大吼大叫是家常便饭，最让员工看不惯的是，主管经常用日语骂人。

嘉华、浩明和几个同事都会一点日语，所以经常被主管要求用日语对话。一旦他们听不太懂的时候，主管就会用极其鄙视和嘲笑的口气说：“你们这些人简直笨得要死，连简单的对话都学不会。”类似这样的语言常常把他们说得无地自容。

几次被主管的言词侮辱之后，浩明决定不再跟主管用日语对话了。主管用日语问问题，浩明就用汉语回答，这样一来可把主管激怒了，大声地用日语骂开了。虽然自己日语并不流利，但是浩明听得出来那都是很难听的脏话。浩明再也无法忍受这样的主管了，于是当天就递了辞呈。

嘉华不太赞同浩明的做法，他选择了积极应战。于是嘉华努力学日语，不知不觉两年过去了，嘉华的日语进步飞快。除了平时跟主管对话已经很少出错之外，对于公司的业务也开始直接参与，不像从前那样只做幕后工作了。

有一次，主管吹毛求疵，对嘉华工作中不满意的地方唠叨了起来，嘉华不慌不忙地开始跟主管辩解，不但日语说得流利顺畅，句句有理、头头是道，并且架势咄咄逼人。虽然平时经常对话，但也都是些商务常用句子，今天嘉华张口说了这么一大串来，主管也很吃惊，最后被嘉华逼得无话可说。办公室里顿时响起了雷鸣般的掌声，大家都为嘉华的精彩表现叫好。

主管从那次以后也收敛了许多，因为公司里不再只有他一个人能够流利地讲日语了。而且由于他以前对待员工的态度太差，人缘也不好，不久就被降职了。

浩明选择逃避，而嘉华选择积极面对。其实嘉华战斗的方式很简单，就是“以其人之道，还治其人之身”。主管个性高傲，而这种高傲的资本就是他懂日语，所以嘉华努力学习日语并以此为“武器”对付他。

总之，对于故意寻衅的人和尖酸刻薄的语言，我们一定要学会反击，而不能一味地忍让和宽容，让对方得意。

以毒攻毒，让对方自食其果

总有那么一些人爱故意找碴儿、寻衅滋事，这时我们如果退避三舍，必会遭人耻笑；如果视而不见，也难免有软弱之嫌。所以以毒攻毒，让其自取其辱是最好的办法。

阿凡提以风趣和机智著称。他经常运用诱导的语言技巧，替平民百姓伸冤出气，惩治那些贪心的人。

有一天，阿凡提到一位以吝啬贪婪闻名的地主家去借锅，地主当然不肯，最后把阿凡提的小毛驴留下做抵押，才让他拎锅出门。第二天，阿凡提准时来还锅，并且还带着一只小锅，地主好奇地问:“阿凡提，你带这个小锅来干吗？”阿凡提故作神秘地说:“老爷，你昨天借给我的锅是一只怀了孕的锅，今天早上我到你这儿来的时候，它刚好生了一只小锅，所以我一并带来还给你啦！”地主当然不信锅会生孩子，但为了得到这只小锅，他装模作样地说："是啊！是啊！我昨天借给你锅时，它正怀着孕呢！"然后让阿凡提牵走了小毛驴，并假装慷慨地说："阿凡提，今后不管你要借什么东西，都尽管来借好了。"

从此以后，阿凡提每借一次东西，都会依样还给地主一件小东西，地主脸上笑得合不拢嘴，心里却不停地嘲笑阿凡提。

过了半个月，阿凡提愁眉苦脸地对地主说："老爷，我的母亲生病了，我想借你那口祖传的金锅去给母亲煎药。"地主一想到过几天就有两只金锅到手，便急忙地把金锅借给阿凡提。谁知这次阿凡提过了很久都没来还锅，地主等得不耐烦，决定亲自上门去讨。正准备出门，阿凡提急匆匆地跑进来，上气不接下气地说："老爷，不好啦！你借给我的那只金锅难产死了！"地主大吃一惊，瞪起眼骂道："锅怎么会死呢？"阿凡提立即扬高声音说："老爷，你既然相信锅会生小孩，那它为什么不会死呢？"贪心的地主被自己的无知和贪婪弄得哑口无言，不仅失去珍贵的东西，还成为大家的笑柄。

聪明的阿凡提，算得上是高明的说话大师。他先摸清对方的性格特点，然后欲擒故纵，以毒攻毒，诱使对方犯下错误，自食恶果，最后将其轻易地驳倒。

孔融10岁那年，他父亲带他到京师拜见了河南尹李膺。那天，李府宾客满堂，尽是当朝达官显贵、名士贤卿。李膺传话，如果不是朝廷命官或世交至亲，概不接见。孔融当即回话："我先祖孔子与大人先祖老子（李耳）乃是至交，我们不也应是世交吗？"于是李膺非常高兴地把孔融介绍给大家，众人对孔融年少多智赞不绝口。唯有大夫陈伟不以为然，根本不把这个乳臭未干的娃娃放在眼里，轻蔑地说："小时聪明。长大未必能怎么样。"孔融听到后，很有礼貌地反问道："那么您小时候一定是聪明的啦？"陈伟本想嘲笑孔融，但没想到却打了自己的脸。

当有人故意找碴时，我们可以以毒攻毒，使对方自食其言。然而在运用这种说话术时往往要先投其所好，掌握对方的心理弱点，让对方走进陷阱而无法自拔。

齐国的晏婴将出使楚国。楚王知道这个消息后，便对他左右的人说："晏婴是齐国很善于言辞的人，现在正动身来我国，我想侮辱他，有什么办法呢？"左右的人出了个主意。

晏婴来到了楚国，楚王举行酒宴来招待他。酒兴正浓时，两个差人捆着一个人走到楚王的面前。楚王故意问道："你们为什么要捆绑这人？"差人回答说："他是齐国人，犯了偷盗罪。"

楚王笑嘻嘻地望着晏婴，说："齐国人本来就善于偷盗，是吗？"

晏婴站起来离开席位，郑重其事地回答说："我曾听说过这样一个故事：橘树生长在淮河以南，是橘树；生长在淮河以北，就成了枳树。橘树和枳树虽然长得很像，但它们结出的果实味道却不大相同。橘子甜，枳子酸，为什么呢？由于水土不同啊！如今，在齐国土生土长的人，在齐国时不做贼，一到楚国就又偷又盗，莫不是楚国的水土使老百姓惯于做贼吗？"

楚王听后苦笑着说："德才兼备的圣人，是不能同他开玩笑的，我现在有些自讨没趣了。"

毫无疑问，以毒攻毒，让别人自食其果的反驳说话术是应对故意找碴，挑衅生事之人的好办法。当反驳之时巧妙地运用这种反驳术，不但可以让对方哑口无言，同时也维护了自己的尊严。

放大对方的荒谬之处是反驳的妙招

面对别人不适当的言行，有时候不宜直接回击，而应放大对方的荒谬之处，这样，不仅既能够巧妙地表明自己的态度，又能让对方知错就改。

世上总有一些不讲道理的人，碰到这些无理的人时，最好的办法便是放大他们的荒谬言论，加以点拨，让对方知趣地退让。

楚庄王的一匹爱马死了，他非常伤心，下令以大夫礼节厚葬。文臣武将纷纷劝阻也无济于事，最后楚庄王还下决心说：“谁敢再劝阻，一定要杀死他。”

优孟知道了，直入宫门，仰天大哭，把庄王弄得异常纳闷，迫不及待地问是怎么回事。优孟说：“那马是大王最喜欢的，却要以大夫的礼节安葬它，太寒酸了，请用君王的礼节吧！”庄王越发想知道理由了，优孟继续说：“请以美玉雕成棺……让各国使节共同举哀，以最高的礼仪祭祀它。让各国诸侯听到后，都知道大王以人为贱而以马为贵啊。”至此楚庄王恍然大悟，赶紧请教优孟如何弥补自己的过失。最终将马付于庖厨，烹而食之。

优孟正话反说，放大楚庄王的荒谬之处，巧妙地达到了自己的目的。毫无疑问，放大对方的荒谬之处，并加以点拨，不仅能够巧妙地表明自己的态度，又能让对方知错就改。

晏婴在齐景公身边，经常通过放大荒谬的方法迫使齐景公改变一些荒谬的决定。比如，一个马夫有一次杀掉了齐景公曾经骑过的老马。原来是那匹马生了病，久治不愈，马夫害怕它把疾病传染给马群，就把这匹马给宰杀了。齐景公知道后，就斥责那个马夫，一气之下竟亲自操戈要杀死这个马夫。晏婴在一旁看见了，急忙抓住齐景公手中的戈，对景公说：“你这样急着杀死他，使他连自己的罪过都不知道就死了。我请求历数他的罪过，然后再杀也不迟。”齐景公说：“好吧，我就让你处置他。”

晏婴举着戈走近马夫，对他说：“你为我们的国君养马，却把马给杀掉了，此罪当死。你使我们的国君因为马被杀而不得不杀掉养马的人，此罪又当死。你使我们的国君因有马被杀而杀掉了养马人的事，传遍四邻诸侯，使得人人皆知我们的国君爱马不爱人，得一不仁不义之名，此罪又当死。鉴于此，非杀了你不可。”晏婴还要再说什么，齐景公连忙说：“夫子放了他吧，免得让我落个不仁的恶名，让天下人笑话。”就这样，那个马夫也被晏婴巧妙地救了下来。

还有一次，齐国有一个人得罪了齐景公，齐景公大怒，命人将这个胆大包天的人绑在了殿下，要召集左右武士来肢解这个人。为了防止别人干预他这次的杀人举动，他甚至下令：“有敢于劝谏者，也定斩不误。”文武百官见国王发了这么大的火，没人敢上前劝阻。晏婴见武士们要动手了，急忙上前说：“让我先试第一刀。”众人都觉得十分奇怪：晏相国今天怎么啦？只见晏婴左手抓着那个人的头，右手磨着刀，突然仰面向坐在一旁的齐景公问道：“古代贤明的君主要肢解人，你知道是从哪里开始下刀吗？”齐景公赶忙离开座席，一边摇手一边说：“别动手，别动手，把这人放了吧。”那个人早已吓得半死，等他从惊悸中恢复过来，真不敢相信头还在自己身上，连忙向晏婴磕了三个大响头，死里逃生般地走了。

正话反说可以放大荒谬，让对方看到自己荒谬言行的真面目，从而达到了更好的劝谏效果。总之，说反话的效果源于它的“显微镜”作用，荒谬之上再加上荒谬，则荒谬就无处躲藏，显而易见了。

幽默用语让对方的话不攻自破

面对别人苛刻的意见和要求，用幽默的言语回敬对方，不仅能够巧妙地表明你的看法和立场，而且不至于让场面过分尴尬。同样，当别人故意找碴、妨碍你工作时，运用幽默的力量也能够有效地处理好眼前的问题。

人生常常有许多尴尬的时刻，在那一瞬间，我们的尊严被人有意或无意冒犯，或者被喜欢恶作剧者当众将了一军。此时，有的人感到自己丢尽了脸面，无地自容，恨不能找个缝钻进去。可是有些人却能面不改色，从容自若地谈笑如故，将有伤自己脸面的尴尬局面化解。

萧伯纳的著名剧作《武器与人》初次演出，就大获成功。应观众的热烈要求，萧伯纳来到台前谢幕。此时，却从座位里冒出一声高喊："糟透了！"整个剧场立刻变得鸦雀无声，空气似乎凝固了一般。面对这种无礼的行为和紧张的局面，萧伯纳微笑着对那人鞠了一躬，彬彬有礼地说道："我的朋友，我同意你的意见。"他耸了耸肩，看了看刚才正热烈喝彩的其他观众说，"但是，我们俩反对那么多观众又有什么用呢？"顿时，观众中爆发出了更为热烈的掌声和喝彩声。

在这种情况下，对别人无礼的行为予以必要的回击，既是维护自己尊严的需要，也是讽刺对方的正当行为。但怒气冲冲地回击和辩论都不可取，最理想的方法是幽默地回敬。萧伯纳的话语温文尔雅，表面看来似乎是对对方表示理解，实则是一种强有力的反击。

人生在世，有时候难免会受到别人突如其来的攻击，此时你需要保持冷静，选择适当的反击语言和谈话技巧才能化解危机。

有个叫比尔的人，常以愚弄他人而自得。一天早上，他坐在门口吃面包，看见一位老大爷骑着毛驴从远处过来，于是他就喊道："喂，吃块面包吧！"

老大爷出于礼貌，从驴背上跳下来说："谢谢您的好意，我已经吃过早饭了。"比尔却一本正经地说："我没问你呀，我问的是毛驴。"说完，很得意地一笑。

对比尔这一无礼侮辱，老大爷十分气愤，却又无法责骂这个无赖。他抓住比尔"我和毛驴说话"的语言破绽，狠狠地进行了反击。

他猛然地转过身，"啪、啪"照准毛驴脸上就是两巴掌，骂道："出门时我就问你城里有没有朋友，你斩钉截铁地说没有，没有朋友为什么人家会请你吃面包呢？"

"叭、叭"对准驴屁股又是两鞭，说："看你以后还敢不敢乱说！"骂完，翻身上驴，扬长而去。

人生在世，总会遭遇无数的痛苦、悲伤，如果你善于运用幽默的力量，能够主动地去创造幽默，那么世界就充满了欢笑。面对别人的不友好言行时，如果处处针锋相对，这只会让矛盾越积越深，而运用幽默的力量则能够巧妙地打破紧张的局面。而且凭着你的幽默，你还可以同别人建立起一种良好的关系，获得别人的喜爱和支持，做起事来自然事半功倍。

反驳要抓住对方话语中的破绽

当别人找碴或者挑衅时，我们要从别人的话语中找出破绽，以其人之道，还治其人之身。

俗话说，有理走遍天下。但在现实生活中，双方对垒，有时会出现这样的情况——有理的被对手置于困境，竟寸步难行。或者对手是掌权者，凭借权力，以势压人；或者对方刁钻泼辣，不讲道理。面对这种情况，如果有理的一方不甘忍辱含垢，必定要与之争辩。那么在论辩时，你说的话最好要切中问题的关键，使对手理屈词穷，从而变颓势为胜局。

齐宣王是个骄横、虚荣的人。有一次齐宣王召见颜斶，却碰了一个钉子。

齐宣王坐在自己的宝座上，露出骄横之态呼道：

“斶，过来！”

颜斶对此很不满。他也学着齐宣王那高贵的样子，竟然对齐宣王呼道：

“王，走过来！”

齐宣王气得发抖。

左右侍臣慌了，对他喝斥道：“王是人君，你是人臣，王叫你过来，天经地义；你叫王走过来，难道可以吗？”

颜斶不慌不忙地辩道："若论道理应该可以。我若走过去，是仰慕王的势力；而我呼王过来，则是让王表示趋奉贤士。我觉得与其叫我做仰慕势力之事，倒不如让王做趋奉贤士的好君王！"

齐宣王尽管心里明白，但面对颜斶这等爱君爱国的高论也不好发作。

抓住要害反驳对方需遵循以下步骤：首先，在貌似强大的对手面前，自己的态度要坚毅刚强，要抱必胜的信心。其次，揭露强敌的理由要充足有力，举证要确凿无误，不让对手有空子可钻。再次，触机便发，言辞犀利，字字句句要有分量。最后，釜底抽薪，当头棒喝。要让对手感受到，再不还以公道，待产生严重后果时就悔之晚矣。此外，反击的言论或举动还应高出对方一筹，这样，才能在两相对照之中，既保持主动地位，又能够打动对方，产生巨大的说服作用。

把握语言反击的有效性

不适当的或者过度的反击并不能起到有效的反击作用，因此反击时，一定要把握好度，使自己的语言反击更有效。

在冲突中，我们反击的目的是调节和改善自己所处的人际关系环境，是为解决矛盾而不是扩大矛盾。这是反击有效性的重要标志。良好的口才是战胜对手的一大法宝，但良枪在手，用不好也会走火，伤人害己。因此，利用语言进行反击时，必须要把握好度。

所谓度，就是要按照自己对环境的敏锐判断，明确自己的优势和劣势，准确把握该说什么、怎样说、说到什么程度。

要掌握好度，首先要抓住主要矛盾，不要扩大打击面，不应把本来可以争取的中间力量甚至朋友统统都推到与自己对立的阵营中去，使自己陷入孤立、被动地位。

其次，应控制打击的力度，不要一棍子把人打死、一句话把人噎死。反击时应为对方留一点余地，掌握打击的分寸。因为大多数人都爱面子，给对方留有余地实质上是为缓和彼此间的冲突留下了回旋的空间，也为自己留了一条后路。如果你把他逼进了死胡同，他别无选择只能与你对垒。结果，双方剑拔弩张，到头来两败俱伤。这并不是我们反击的目的。然而，在生活中许多人并不能深刻理解这一道理。

阿伟暗恋上了佳佳，但佳佳心有他属，并不为他所动。终于到了佳佳的生日了，阿伟决定在生日晚会上“火”一把。在摇曳的生日烛光里，阿伟动情地唱起了“爱，爱，爱不完……”佳佳感觉阿伟在大庭广众之中令自己很难堪，但她只淡淡笑了笑，以舒缓的语调说：“看不出阿伟平时不声不响，原来歌喉如此优美。我们该为将来那位有幸拥有他深情歌声的小姐祝福。”一句话，似是赞美，但给了阿伟当头一棒。既给阿伟留足了面子，又使自己轻松婉拒了他的心意。

事实上，在现实生活中，只有把握语言反击的广度和深度，才能保证语言反击的力度，有效地达到反击的目的，使自己不再受委屈。

在赞美中带出震慑

一味地迎合往往会被认为是软弱的表现，偶尔变换一下交流的方法，则会让不知趣的对方有所顾忌。

宋朝开国皇帝赵匡胤从后周手中抢过皇位之后，带领手下将士南征北战，基本上统一了中原一带。后来终于一统江山。然而天下太平后，赵匡胤渐渐觉得那些战时曾一起流血卖命的兄弟有功高盖主的危险。但要向众弟兄下手，又怕惹得天下人气愤。且每位弟兄手下都有一大批亲信，万一他们的手下叛乱，自己的皇位也坐不稳。最终他想到了“杯酒释兵权”。表面上是和以往的兄弟喝酒叙旧，实则用言语相威胁。最后这些兄弟感到事态严重，为了保全性命纷纷主动交出兵权，然后告老还乡。

只捧不恐会让对方自觉有恃无恐，主动权在对方手中；而捧中适当加一点恐吓，主动权则转到了自己的手里。“捧”是“恐”的台阶，既让对方不失面子，又可以通过“恐”达到我们的目的。

有位女子的丈夫是航海员，长期漂泊在外，孤独和寂寞陪她度日。白天上班还好说，一到晚上便焦躁不安。为了消磨时光，她报考了夜大。第一次上课，发现丈夫中学时的一位同学也坐在教室里。此同学与丈夫相处不错，因此跟他自然亲近一些。没料到这位同学却暗暗打起她的主意来。女子觉察到这位同学的不良动机，十分严肃地对他说：“俗话说，‘朋友之妻不可欺’。你是我丈夫的朋友，他平时对你那么好，要是我告诉我丈夫，不知他会对你怎么样啊？”同学一听，大惊失色：“可千万别这样！”

一味地迎合捧场往往会被认为是软弱的表现，在适当的时候进行恐吓，也会让不知趣的对方有所顾忌。要记得，恐和捧并不是孤立分开的两个对立面，捧中有恐，才是妙计。

巧妙应对咄咄逼人的话

在交往中，我们不可避免地会遇到咄咄逼人的谈话场景，谈话者一般是有备而来，或是对自己的条件估计得比较充分，有信心战胜你。

当我们遇到的对手提出重大问题，你无法回答，这种情况下怎么办？

一是以退为攻，假如对方的问话是你所必须回答的、不能推辞的，而又要对方跟着你的思路走，你可以装作退却。对方乘机逼过来，你把他带得远了，让他完全进入了圈套，然后再回过头来对他反击。

二是后发制人，这是使自己能站稳脚跟的最有效办法。一般在对方到了已经不能自圆其说和对方已是山穷水尽的时候最有效果，因为对方总是有弱点的，只要我们抓住了，就能反攻了。

三是针锋相对。即以对方同样的火力，向对方进攻，对方提什么问题，就给予十分肯定或否定的回答，丝毫不让，不拖沓也不沾泥带水，使对方无理可寻。

四是把球踢给对方。当对方的问题很难回答，问的角度很刁钻，你回答肯定、否定都可能出差错时，那就不要回答，把问题再还给对方，将对方一军。

五是抓住一点，丝毫不让，迅速找到他的谈话内容中的一个小漏洞，即使再微不足道也无所谓，可以把这一点无限扩大，使其不能再充分展开其他方面的进攻。

用类比法反驳诘难

不管是在生活中还是在工作中，都会遇到突如其来的诘难，此时如果处理得不好，就会影响自己的生活和工作，还会影响到与他人和客户的关系，此时采用类比的方式处理会更轻松一些。

一家公司的经理在一次业务谈判中，受到了另一家公司业务员的顶撞，为此，他气冲冲地找到那家公司的经理，吼道：

“如果你不向我保证，撤销上次那个蛮横无理的工作人员的职务，那么，显然是没有诚意和我公司达成协议！”

这家公司的经理听了微微一笑，说：“经理先生，对于工作人员的态度问题，是批评教育还是撤职处理，完全是我们公司的内部事务，无须向贵公司做什么保证。这就同我们并不要求你们的董事会一定要撤换与我公司工作人员有过冲突的经理的职务，才算是你们具有与我公司达成协议的诚意一样。”

先前怒气冲冲的经理顿时哑口无言，态度也和缓了许多。

在这里，后一家公司的经理就巧妙地运用了类比的技巧。虽然说这两家公司有很多不同之处，但有一点却是相似的，即两家公司对工作人员或经理的处理完全是各公司的内部事务，与有没有诚意和对方合作无关。该经理就是抓住了这一相似点作比，从而告诉了对方所提要求的不合理之处，表达了对其诘难的反驳。

苏联诗人马雅可夫斯基在一次演讲会结束后，与对他怀有敌意的发问者展开了争论。发问者说："您的诗太骇人听闻了，这样写诗是短命的，明天就会完蛋，您本人也会被忘却，您不会成为不朽的人。"

马雅可夫斯基答道："请您过 1000 年再来，那时我们再谈吧。"

问者又说："您说，有时应当把沾满'尘土'的传统和习性从自己身上洗掉，那么您既然需要洗脸，这就是说，您也是肮脏的了。"

诗人回答："那么，您不洗脸，就认为自己是干净的吗？"

问者又说："您的诗不能使人沸腾，不能使人燃烧，不能感染人。"

诗人答道："我的诗不是大海，不是火炉，更不是鼠疫！"

这段话引起人们长久的掌声和笑声。诗人巧妙地运用了类比的手法，使自己的反驳充满了幽默感。诗人反驳了对方的观点，给唇枪舌剑的争辩添上了诙谐的情调。

反驳诘难要从逻辑上来说明吗？那你可能陷入一场无休止的争论之中。聪明人会用类比的方式，找一个相似的事物所具有的属性或特点，来证明对方诘难的荒谬。这是一种以曲为直的方法，在达到反驳目的的同时，让对方也能心平气和地接受你的观点。

面对责难这样说

这个社会上不乏一群总喜欢中伤他人的魔鬼，他们总是扫别人的兴，以别人的难堪为快，品质恶劣至极。我们如果刻意躲闪，反而使自身更加手足无措，使他人得意忘形。因此，我们必须懂得反击。

1988 年，美国第 41 届总统竞选。民意测验表明：8 月前，民主党总统候选人杜卡基斯，尚比共和党总统候选人布什多出十多个百分点。当布什与杜卡基斯进行最后一次电视辩论时，布什巧辩的策略是，抓住对方的弱点，揭其要害，戳在痛处，从而让对方陷入窘境。杜卡基斯嘲笑布什不过是里根的影子，嘲弄式地发问："布什在哪里？"

布什轻松地回答了他的发问："噢，布什在家里，同夫人芭芭拉在一起，这有什么错吗？"平淡一句，却语义双关，既表现了布什的道德品质，又讥讽了杜卡基斯的风流癖好，置杜卡基斯于极尴尬的境地。

有时，别人可能用指桑骂槐的方式对你进行猛烈的人身攻击，侮辱你的人格。对此，你如果质问对方，正面回击，可能正中对方下怀，他可以说：我并没有指你，你为什么要往自己头上硬扯？要回击这类人身攻击，最好的办法是也采用同样含沙射影的方式，反击对方，取得以隐制隐的效果。请看下例：

有一伙人从某地火车站出来，到车站广场的摊点上想买几只烧鸡在旅途中吃，买主都很年轻。他们买烧鸡时，对女老板说："嘿，你这摊上卖得还真全啊！还有野鸡呢，你这野鸡肉香不香啊？想不到你们这地方还出这么漂亮的野鸡，这野鸡的肉多嫩呀！老板，怎么个卖法呀？可不可以送货上门啊？"说完后，他们一伙人都很轻慢地笑了起来。

女老板很清楚这伙人居心不良，把自己比作"野鸡"，如果直接骂他们几句，就会被指责为不文明经商；如果不回敬几句，就很可能有更难堪的场面出现。于是她不卑不亢地说："我们这里不出野鸡，只加工野鸡，这里的野鸡都是用火车从外地运来的。运来的野鸡都是活的，所以稍不留神就会被野鸡啄着，这些东西毕竟是野物嘛，又不通人性。我们在加工野鸡时，对那些野性大的野鸡先开刀，然后用开水烫，接着把它的毛扯光，趁热就开膛破肚，接下去就是烧烤熏煮。你们问问旁边这两位小妹，她们刚刚尝过了。你们如果吃着好的话，就欢迎多买几只，我可以优惠点卖。你们除了自己吃，多余的带回去送给亲友，不是也算帮我们送货上门了吗？"

那些恶意挑逗者听了这番滴水不漏的回答之后暗冒冷汗，只好强打精神说："好！够份儿。老板娘的货漂亮，人漂亮，话更漂亮。"说完以后还真乖乖地买了几只烧鸡走了。

这位老板娘就是采用了含沙射影、以隐制隐的语言技巧，把"野鸡"的雅号送了回去，巧妙地回击了指桑骂槐的发难者。

在社交场合，有时会遇到别人有意无意抢白你，奚落、挖苦、讥讽你，你该怎么办？有随机应变能力的人，能化被动为主动，使尴尬烟消云散。"兵来将挡，水来土掩"，你可视不同的对象选择不同的应付办法。

来者不善，怀有恶意，故意挑衅，你可以"以牙还牙，以眼还眼"，有理、有利、有节，有礼貌而巧妙地回敬对手，针锋相对，"原物"顶回。

如果有人用过于唐突的言辞使你受到伤害，千万不要息事宁人，要知道，只有反击、进攻才能有效抑制那些人的出言不逊。

孔融十岁那年，有一次到李膺家做客，当时在场的都是些社会名流，孔融应答如流，得到宾客们的称赞。但有一位叫陈韪的大夫却不以为然，讥讽地说："小时候聪明，长大了未必也聪明。"孔融立刻回答道："我想先生在小时候一定很聪明吧？"

孔融采用以其人之"法"还治其人之身的语言形式，以问作答，把对方射过来的"炮弹"又原样给弹了回去。作答的语言一般都带有明显的嘲弄味和讽刺味，通常是由对方出言不逊、讽刺挖苦所引起的，这样的语言表达方式一般出现在不友好的两方之间，是答方对不礼貌的问方以牙还牙式的回敬。

有个成语，叫急中生智。要做到这一点，需要灵敏的思维、丰富的语汇、渊博的知识、娴熟的技巧。只有掌握了各种应付尴尬局面的语言技巧，受人责难时才能使自己立于不败之地。

气势夺人，把对方震得心服口服

真正的强者，震慑的是人的心理，而不是肉体。注重内心的修行，锻造自己的气势，也能不战而胜。不战而屈人之兵是最大的胜利。

古代，有一位专门训练斗鸡的名手叫纪消子。一天，君王让他代为训练一只斗鸡。10天过后，君王询问训练情况："进展如何？是否近日可用？"纪消子回答道："时机尚未成熟，它杀气腾腾，一上场即横冲直撞。"

又过了10天，君王再度询问，但纪消子还是回答说："不成！它只要一听到斗鸡的叫声，便马上斗志昂扬，无法控制自如。"

又过了10天，君王又来询问此事，说："怎样了？现在该可以了吧！"纪消子仍然摇头，说："还不行，它只要看见斗鸡的身影，便立刻来势汹汹，火暴蛮斗。"

最后10天很快过去了。君王走到纪消子面前时，终于得到了纪消子满意的答复："大功告成！如今它置身竞技场，不论其他的斗鸡如何挑其怒气，煽其斗志，它都如木鸡一样，无动于衷。这就是内心充满'德行'的证据。现在，无论什么样的斗鸡遇见它，莫不落荒而逃。"

军事上讲究"攻城为下，攻心为上"，说的就是心理博弈在竞争中的重要性。一个真正的强者是不会将威严流于表面的，他震慑的是人的心理，给人一种高不可测的“距离感”。使人无法真正了解他的内心世界，认为听从他也许是最好的选择，让人不得不屈服、跟随。强者不声张，不傲气，给人一种捉摸不透、神秘兮兮的感觉。正是这种感觉，彰显了他们的人格魅力，让人心甘情愿地敬畏、崇拜。内心沉稳、不怒自威才是真正的内心气势。

纪消子不愧为一个斗鸡高手，他将斗鸡培养成大智若愚的木鸡，锻造了斗鸡的内心气势，让别的斗鸡充满恐惧，不战自败。人也应该同斗鸡一样，不要稍微有点能力就四处卖弄、不可一世，大意随便只会流露出无知的本质。自我魅力的修养要靠长时间的锻炼才能形成。

面对激烈的竞争，我们不要急于与对手搏斗，而要注重气势的培养。急于求成不但不利于竞争，而且会让我们一败涂地。韬光养晦、引而不发，培养自己内心深沉、淡泊名利的品质。当我们的修行到了一定境界的时候，内心的威慑力就会自然而然地流露出来，不需要激烈的竞争，我们的对手便会甘拜下风，失去了反抗抵触的心理。

如今，很多企业的领导者属于“木鸡”型，他们在团队中能产生强大的影响力。这是因为这类人平时虽然话语不多，可一旦出口则句句都很在理。所以他们说话总是“惜字如金”，要么不说，要说一定说到点子上，并产生效果。

做一个强者、智者，不需要豪言壮语，只需要不怒自威的气势。

第八章

逆势谈判，捍卫核心诉求不妥协

谈判中“答”的技巧

谈判者回答问题，应该具有针对性，有的放矢，因此，有必要了解问题的真实含义。

在谈判中，回答对方的提问是不可避免的现象。但是如何答，往往决定着自己在谈判中的地位。针对问话，如何作答才能使自己处于有利地位，免得被对方牵着鼻子走呢？下面就介绍几种比较实用的应付提问的作答方法。

1. 不要彻底回答所提的问题

答话者要将提问者的范围缩小，或者对回答的前提加以修饰和说明。比如，发问者直接询问这种产品的价格。可以这样回答：“我相信产品的价格会令你们满意的，请先让我把这种产品的几种性能做一个说明好吗？我相信你们会对这种产品感兴趣的……”这样回答，就明显地避免一下子把对方的注意力吸引到价格问题的焦点上来。

2. 不要确切回答对方的提问

回答问题，要给自己留有一定的余地。在回答时，不要过早地暴露你的实力。通常可采用先说明一件类似的情况，再拉回正题，或者利用反问把重点转移。

3. 有些问题不值得回答

对于那些可能会有损己方形象，或泄密，或近于无聊的问题，谈判者也不必为难，不予理睬是最好的回答。当然，用外交辞令中的“无可奉告”一语来拒绝，也是回答这类问题的好办法。

4. 有时可以将错就错

当谈判对手对你的答复做了错误的理解，而这种理解又有利于你时，你不必去更正对方的理解，而应该将错就错，因势利导。

5. 不要马上回答

对于一些可能会暴露自己的意图、目的的话题，要慎重对待。例如，对方问："你们准备开价多少？"如果时机还不成熟，那就不要马上回答。可以找一些其他借口，或是闪烁其词，答非所问，如谈一谈产品质量、交货期限等，等时机成熟再摊牌，这样效果会更理想。

6. 不轻易回答

谈判者回答问题，应该具有针对性，有的放矢，因此，有必要了解问题的真实含义。同时，有些谈判者会提出一些模棱两可或旁敲侧击的问题，意在以此摸清对方的底。对这一类问题更要清楚地了解对方的用意。否则，轻易、随意作答，会造成己方的被动。

7. 使问话者失去追问的兴趣

在许多场合下，提问者会采取连珠炮的形式提问，这对回答者很不利。特别是当对方有准备时，会诱使答话者落入其圈套。因此，要尽量使提问者找不到继续追问的话题和借口。比较好的方法是，在回答时，可以说明许多客观理由，却避开自己的原因。

调整好谈判的"温度"

谈判气氛是谈判对手之间的相互态度，它能够影响谈判人员的心理、情绪和感觉，从而引起相应的反应。

序幕拉开后，谈判双方正式亮相，开始彼此间的接触、交流、摸底甚至冲突。当然这也仅仅是开始，它离达成正式协议还有相当漫长的过程。

但是在谈判开始阶段，你首先要做好一项非常重要的工作，那就是营造洽谈的气氛，调节好一个最恰当的环境“温度”，它对谈判成败有非常重要的关系。

谈判气氛是谈判对手之间的相互态度，它能够影响谈判人员的心理、情绪和感觉，从而引起相应的反应。倘若你经历过任何一次谈判，你对那次谈判的气氛都应该记忆犹新吧？那或许是冷淡的、对立的；或许是松弛的、旷日持久的；或许是积极的、友好的；也有严肃的、平静的；甚至还有大吵大闹的……

你也应当清楚，那种积极友好的气氛对一次谈判将有多大帮助，它使谈判者轻松上阵，信心百倍，高兴而来，满意而归。

对于任何谈判者，理想的气氛应是严肃、认真、紧张、活泼。这可以说是总结了历来胜利而有意义的谈判气氛而得出的一个伟大结论。他建议每位谈判者努力为你所进行的谈判营造这一良好气氛。

美国谈判学家卡洛斯认为大凡谈判都有其独特的气氛。善于创造谈判气氛的谈判者，其谈判谋略的运用便有了很好的基础。我们有理由认为，合适的谈判气氛亦是谈判谋略的一个重要组成部分。良好的谈判气氛有助于谈判者发挥自己的能力。

谈判气氛有时是自然形成的，而多数情况下是人为营造的。不同的谈判气氛对谈判者来说都能感觉到。能运用谈判气氛影响谈判过程的谈判者，自是精明之人，他们知道，谈判气氛对谈判的成败影响很大。

谈判室是正式的工作场所，容易形成一种严肃而又紧张的气氛。当双方就某一问题发生争执、各持己见、互不相让，甚至话不投机、横眉冷对时，这种环境更容易使人产生一种压抑、沉闷的感觉。在这种情况下，我方可以建议暂时停止会谈或双方人员去游览、观光、出席宴会、观看文艺节目，也可以到游艺室、俱乐部等处娱乐、休息。这样，在轻松愉快的环境中，大家的心情自然也就放松了。更主要的是，通过玩游戏、休息、私下接触，双方可以进一步增进了解，消除彼此间的隔阂，增进友谊，也可以不拘形式地就僵持的问题继续交换意见，寓严肃的讨论于轻松活泼、融洽愉快的气氛之中。这时，彼此间心情愉快，人也变得慷慨大方。谈判桌上争论了几个小时无法解决的问题，在这儿也许会迎刃而解了。

谈判气氛形成后，并不是一成不变的。本来轻松和谐的气氛可以因为双方在实质性问题上的争执而突然变得紧张，甚至剑拔弩张，一步就跨入谈判破裂的边缘。这时双方面临最急迫的问题不是继续争个“鱼死网破”，而是应尽快缓和这种紧张的气氛。此时诙谐幽默无疑是最有力的武器。

刚与对手见面时，必定要说几句客套话，虽是客套，可也非常重要，值得注意。数分钟的寒暄，有助于气氛的融洽，有助于商谈正题气氛的营造。如果刚见面就开门见山，单刀直入，很容易让人觉得突兀，态度不免就会强硬，不利于商谈的展开。

谈判前的寒暄对谈判气氛的营造能起到意想不到的作用。

总的来说，为了创造出一个合作的良好的谈判气氛，谈判人员应做到：

寒暄恰到好处。在进入谈判正题之前，一般都有一个过渡阶段，在这阶段双方一般要互致问候或谈几句与正题无关的问题。如来会谈前各自的经历、体育比赛、个人问题以及以往的共同经历和取得的成功等，使双方找到共同语言，为心理沟通做好准备。切记不要涉及令人沮丧的话题。

动作自然得体。动作和手势也是影响谈判气氛的重要因素。特别值得注意的是，由于各国、各民族文化、习俗的不同，对各种动作的反应也不尽相同。比如，初次见面时的握手就颇有讲究，有的外宾认为这是一种友好的表示，给人以亲近感；而有的外宾则会觉得对方是在故弄玄虚，有意谄媚，就会产生一种厌恶感。因此，谈判者应事先了解对方的背景、性格特点，区别不同的情况，采用不同的肢体语言。

破题引人入胜。如果说开局是谈判气氛形成的关键阶段，那么破题则是关键中的关键，就好比围棋中的“天王山”，既是对方之要点，也是我方之要点。因为双方都要通过破题来表明自己的观点、立场，也都要通过破题来了解对方。由于谈判即将开始，难免会心情紧张，因此出现张口结舌、言不由衷或盲目迎合对方的现象，这对下面的正式谈判将会产生不良的影响。为了防止这种现象的发生，应该事先做好充分准备，做到有备而来。比如，可以把预计谈判时间的5%作为“入题”阶段，若谈判准备进行1小时，就用3分钟时间沉思；如果谈判要持续几天，最好在谈生意前的某个晚上，找机会请对方一起吃顿饭。

讲究表情语言。表情语言是无声的信息，是内心情感的表露，包括形象、表情、眼神等。谈判人员是信心十足还是满腹狐疑，是轻松愉快还是紧张呆滞，都可以通过表情流露出来。是诚实还是狡猾，是活泼还是凝重也都可以通过眼神表示出来。谈判人员应时刻注意自己的表情，通过表情和眼神表示出自信以及友好、合作的愿望。

察言观色，开局阶段的任务不仅仅是营造良好的气氛，还要敏锐地捕捉各种信息，如对方的性格、态度、意向、风格、经验等，为以后的谈判工作提供帮助。

一波三折的软硬术

在商务谈判中，软硬兼施的策略被谈判者普遍采用。凭软的方法，以柔克刚；又用硬的手段，以强取胜。

在商务谈判中，当谈判一方处于被动或劣势的时候，可以运用“绵里藏针”的技巧，先软后硬，硬了再软，一波三折，软硬交替，来促使谈判成功。

一味地用和气、温柔的语调讲话，一个劲儿地谦虚、客气、退让，有时并不能让对方信赖、尊敬及让步，反而会使一些人误认为你必须依附于他，或认为你是个软弱的谈判对手，可以在你身上获得更多更大的利益。

相反，如果你一开始就以较强硬的态度出现，从面部表情到言谈举止，都表现高傲、不可战胜、一步也不退让，那么留给对方的将是极不好的印象。这样，会使对方对你的谈判诚意持有异议，而导致失去对你的信赖和尊敬。

正确的做法应当是“软硬兼施”。须知，强硬与温柔相结合，能使人的心态发生很大的变化。强硬会使对方看到你的决心和力量，温柔则可使对方看到你的诚意，从而可以增强信任和友谊。在商务谈判中，软硬兼施的策略被谈判者普遍采用。凭软的方法，以柔克刚；又用硬的手段，以强取胜。软硬兼施的方法通常还可以由两个人来实行。

在谈判中，本方由一个成员扮演强硬派角色，坚持提出较高的要求，不轻易退却，努力捍卫本方的利益。由另一位成员扮演合作者角色，他在开始时并不马上参与意见，而是保持沉默，既维护好与对手的关系，又不损害本方强硬人物的“面子”。他要善于观察谈判形势的发展变化，适时地参与进来提出建议或作出某些让步。这也就是我们俗称的“红白脸”策略。

在运用红白脸策略时，对以下几点要领应注意把握：

（1）从红脸、白脸的角色分配来看，两种角色的分配应和本人的性格特征基本相符，即扮“红脸”者应态度温和、经验丰富、处事圆滑、言语平缓、性格沉稳；而扮“白脸”的人则应雷厉风行、反应迅速、善抓时机、敢于进攻、言语有力。如果让性格特征不相称的人去扮演这种角色，就会出现强硬派硬不上去，而红脸反倒硬了起来，结果导致希望和实际效果不符，场面一团糟，反倒使对方有机可乘，乘虚而入。

（2）两种角色一定要注意相互配合，看准时机，把握火候，在“白脸”发动强攻时，“红脸”就要充分注意对方的反应，如果对方以牙还牙，以硬对硬，“红脸”就要在适当时候出面调停，让“白脸”有台阶下台，否则，“白脸”收不了场，而“红脸”又不及时出面，就可能使谈判僵持、暂停或是破裂了。

（3）在使用红白脸策略时，要求担任“白脸”角色的人既要善于进攻，但又必须言之有理，讲究礼节，不肯轻易让步而不是胡搅蛮缠。而“红脸”也不能过于软弱，要掌握好分寸，既要掌握好让步的分寸，也要适度使用语言。

（4）从角色的分工来看，“红脸”一般由主谈人来充当，“白脸”由助手来充当，因为从红白脸策略的整体特点来看，“红脸”掌握着让步的分寸，总揽全局，而且从心理学角度来讲，“红脸”的观点也易为对方所接受，所以这样分工比较合适。

投石问路摸底细

有目的地向对方提出各种问题，是摸清对方底细、掌握对方情况的重要手段。

投石问路策略是指买主在谈判中为了摸清对方的虚实，掌握对方的心理，通过不断地提问来了解直接从卖方那儿不容易获得的诸如成本、价格等方面的尽可能多的资料，以便在谈判中作出正确的决策。

比如，一位买主要购买3000件产品，他就先问如果购买100件、1000件、3000件、5000件和1万件产品的单价分别是多少。一旦买主给出了这些单价，敏锐的买主就可从中分析出卖主的生产成本、设备费用的分摊情形、生产的能力、价格政策、谈判经验丰富与否。最后买主能够得到购买3000件产品非常优惠的价格，因为很少有卖主愿意失去这样数量多的买卖。

买主经常运用投石问路策略，通常都能问出很有价值的资料，这样知道的资料越多，就越能作出有利的选择。一般说来，可提出这样一些问题：

如果我们订货的数量加倍，或者减半呢？

如果我们建立长期合作关系？

如果我们同时购买几种产品？

如果我们增加或减少保证金？

如果我们分期付款？

如果我们自己运输？

如果我们淡季订货？

如果我们要求改变规格式样？

如果我们提供原材料？

每一个问题都好比一颗石头，掷向对方内心，落地有声，你要小心听“音”。

有这样一个眼镜师（谈判者）向顾客（谈判对方）索要高价的小故事。顾客向眼镜师问价：“要多少钱？”眼镜师回答：“10 美元。”如果顾客没有不满的反应，他便立即加上一句“一副镜架”，实际上就成了“10 美元一副镜架”。然后他又开口“镜片 5 美元”，如果顾客仍没有异议，狡猾的眼镜师就会再加上一句“一片”。这里，眼镜师运用了投石问路的方法，通过观察、判断顾客的反应，达到了自己的目的。

有目的地向对方提出各种问题，是摸清对方底细、掌握对方情况的重要手段。因此，所提问题的内容、方式以及问题提出的时间等都要好好考虑。

谈判者为了在谈判中处于有利地位，有更多的回旋余地，往往采取严密的保密措施，力求不让对方抓住任何与本方“底牌”有关的蛛丝马迹。在这种情况下，直接发问是无效的，只有采取迂回作战，施展一些策略，运用一些技巧才会有所收获。

一位供货商在与某厂采购经理的谈判中，想提高产品的价格，但他并没有直接探询对方的反应，而是聊了一些似乎不着边际的话。

“我们想提高产品的质量，因此想知道你们厂对我们的产品有什么意见，最好能帮助我们提供一些数据，我们好及时改进。”

“嗯，你们的产品质量还是不错的，至于数据吗，我可以在谈判后替你收集一些。不过据实验人员反映，你们产品的各项检测指标均优于我们曾用过的产品。”

“噢，非常感谢。据说你们厂这两年的效益非常好，规模越来越大，产品几乎没有任何积压。”

“可不是，几十条生产线昼夜不停，产品、原料都是供不应求，可忙坏我了。”

供货商听到这里，露出一丝不易察觉的微笑。

在这段似乎不着边际的谈话中，供货商探测到了对己方非常有利的两条信息：一是本方提供的产品在该厂的信誉非常好。二是对方的库存原料已经供不应求，存料马上就要用光。工厂正面临着极大的压力，希望尽早结束谈判以使生产不致因为原材料的缺乏而受到影响。不知不觉间，对方自亮了“底牌”。

供货商要想提高产品价格，就必须知道对方的弱点所在，并在此基础上给对方制造压力，让对方不得不让步。但他如果直接问采购经理，“我们的产品在你们厂曾用过的产品中是不是最好的？”同样久经沙场的采购经理绝对不会轻易给他肯定的回答，从而把他送上谈判中的有利位置。于是供货商转换了角度，以对顾客负责的姿态出现，询问对方对改进产品质量的意见，使采购经理放松了警惕，轻易就把本厂对该产品的评价和盘托出。

可见投石问路的关键并不完全在于“问”，而是“引”。最根本的要领是：提到点子上，听出话外音。

鸡蛋里挑出点骨头来

在商务谈判中，谈判者如能巧妙地运用吹毛求疵的策略，会迫使对方降低要求，作出让步。

作为谈判一方，卖主经常会碰到一些买主利用这种战术来讨价还价。他们先是对商品横挑鼻子竖挑眼，接着就会提出一大堆的问题和要求。这些问题有些是真实的，属于商品自身存在的缺陷；有的只是对方的夸大其词，用来虚张声势的。他们之所以这样做，只是为了达到以下三个目的：第一，让卖主知道，他的对手是位精明强干的人，不会轻易地受人欺骗。第二，迫使卖主一再地降低商品的价格。第三，替自己争取更为有利的讨价还价的地位。

这种谈判方法在商贸交易中已被无数事实证明，不但是行得通的，而且卓有成效。有人曾做过试验，证明双方在谈判开始时，倘若要求越高，则所能得到的也就越多。因此，许多买主总是一而再、再而三地运用这种战术。

在商务谈判中，谈判者如能巧妙地运用吹毛求疵的策略，会迫使对方降低要求，作出让步。这种方法是讨价还价的主要战术之一。买方先是挑剔个没完，提出一大堆意见和要求，这些意见和要求有的是真实的，有的只是出于策略需要的吹毛求疵。这样做的目的主要是使卖主把卖价的标准降低，使自己有讨价还价的余地，让对方知道自己是很精明的，不会轻易地被他人欺骗蒙蔽。

但是，如果从相反的立场来说，作为卖方或者资方的谈判者，又该如何对抗这种吹毛求疵的战术呢？谈判专家卡洛斯指出：

（1）必须很有耐心。面对对方的问题，不要轻易让步，以免刺激对方的欲望。那些虚张声势的问题迟早会露出破绽，失去威胁性。

（2）遇到实际问题，不要躲闪回避，要开门见山地和买方恳谈。如果可能，要运用私下讨论的便利。

（3）对于某些是问题又不是问题的要求，要巧妙地“忽略”它们。

（4）当对方提的问题在浪费时间、节外生枝，或作无谓的挑剔时，必须及时提出抗议。

（5）向对方建议一个具体而“彻底”的解决办法，而不去纠缠枝节问题。

报价：实力较量的旋涡

因为报价的目的，是为了表明立场和态度，而不是挑战，所以要注意以和为贵。

如果将价格谈判放到实力较量的范畴内来研究，那么价格的高低，报价的习惯，可调整的幅度、次数和速度，都可以看作是谈判者实力的表现。

报价，不仅仅是价格方面的要求，泛指谈判双方在洽谈项目中的利益要求，即其想达到的目的。谈判双方在经过摸底，明确了交易的具体内容和范围之后，提出各自的交易条件，表明自己的立场和利益。

谈判双方通过报价来表明自己的立场和利益要求。但是，任何一方在阐述自己要求的时候，都不会把自己的底价透露给对方，而总是要打个“埋伏”，给自己留下讨论协商、讨价还价的空间。或者以优于底价的条件成交，超过既定目标完成谈判；或者以不低于底价的条件成交，完成谈判的既定目标。正因为双方都有这种考虑，所以，在报价的时候，一定要极其谨慎。

报价的方式可以是“横向铺开”，也可以是“纵向展开”。所谓“横向铺开”，就是对自己的立场观点不作深入的讨论，而是把自己方面的利益要求作一个全面完整的陈述，求全而非深。“纵向展开”，就是对所要讨论的各个问题，逐个展开协商，深入下去，谈完一个再谈另一个。

报价的内容包括：我方认为这次洽谈应该包括的问题；双方的利益要求；我方可以让步的方面。当然，这种开诚布公的报价，只是在互相比较熟悉的老对手之间才可以采用。和陌生不了解的洽谈对手进行谈判，则不能这样报价，也不可能得到对方这样的明确报价；这时候，就要采取旁敲侧击的方法，尽量明确对方的报价。

在报价阶段，各方只是阐述自己的利益要求，所以听取的一方为了达到自己的目的，一定要认真听取对方的报价，尽量全面完整地理解对方的报价，抓住对方的主要利益要求和次要方面，以便将来跟对方压价。

对自己利益的陈述和表达要注意方式和语气。因为报价的目的，是为了表明立场和态度，而不是挑战，所以要注意以和为贵。当一方陈述完毕，另一方就可以再陈述自己的立场和观点，为了调节气氛，也可以先讲一下双方已经达成一致意见的方面。

在报价的过程中还应该注意一个随机应变，留有余地的原则。

由于报价事关整个交易的各项条件，所以在一般情况下，报价不会是一成不变的，所以谈判人员在报价时，不要把条件说得过于坚决，给对方一个“只此一条，别无选择”的印象。如果在报价时保留一个比较宽松的余地，那么在后来的谈判中当对方向你提出了某种可以使你满足的要求时，你就有了进一步讨价还价的条件。这种策略也是商务谈判人员经常使用的策略。

留有余地的策略，在西欧式的报价方法中体现得较为明显。

西欧式的报价方法与我们前面所介绍的报价方法是一致的。一般的做法是，谈判人员在报价时，首先提出一个留有较大余地的价格条件，其后再根据买卖双方的实力对比和外部竞争状况，通过其他方法来争取买方，如给予数量折扣、价格折扣、佣金和支付条件上的优惠等，稳住买方，使双方的差距逐步缩小，最终达成成交的目的。由于有时报价方所留余地是非常大的，所以即使作了有限的让步也是在余地之中，不但不会吃亏，反而往往会有一个不错的结果。

这一策略是和一般买方的心理相适应的，因为对于一般人来说总是习惯于价格由高到低，逐步下降，而不是由低到高。

谈判人员在报价中保留余地时，同样应注意商务谈判中语言运用的一般规则，即应当态度诚恳、观点明确、简明易懂。

关于先报价与后报价之利弊，很多人认为最好后报价，这样不容易被人“摸底”，其实不然，先报价有弊也有利。

先报价的有利之处在于：一方面，先报价对谈判的影响较大，它实际上等于为谈判划定了一个框架或基准线，最终协议将在这个范围内达成。比如，卖方报价某种计算机每台1000美元，那么经过双方磋商之后，最终成交价格一定不会超过1000美元这个界限的。另一方面，先报价如果出乎对方的预料和设想，往往会打乱对方的原有部署，甚至动摇对方原来的期望值，使其失去信心。比如，卖方首先报价，某货物1000美元一吨，而买方心里却只能承受400美元一吨，这与卖方报价相差甚远，即使经过进一步磋商也很难达成协议，因此，只好改变原来部署，要么提价，要么告吹。总之，先报价在整个谈判中都会持续地起作用。因此，先报价比后报价的影响要大得多。

先报价的弊在于：一方面，对方听了我方的报价后，可以对他们自己原有的想法进行最后的调整。由于我方先报价，对方对我方的交易条件的起点有所了解，他们就可以修改原先准备的报价，获得本来得不到的好处。正如上边所举例子，卖方报价每台计算机1000美元，而买方原来准备的报价可能为1100美元一台。这种情况下，很显然，在卖方报价以后，买方马上就会修改其原来准备的报价条件，于是其报价肯定会低于1000美元。那么对于买方来讲，后报价至少可以使他获得100美元的好处。

如果本方的谈判实力强于对方，或者说与对方相比，在谈判中处于相对有利的地位，那么本方先报价就是有利的。尤其是当对方对本次交易的行情不太熟悉的情况下，先报价的利更大。因为这样可为谈判先划定一个基准线，同时，由于本方了解行情，还会适当掌握成交的条件，对本方无疑是利大于弊。

总之，报价要注意几个原则：不激进、不保守，保持坚定、明确、完整、果断，不要给对方留有把柄。

最后一招撒手锏

在商务谈判中，有时为了某种协议的需要，还采用一种虚假的、人为的限定期限，又称为“最后期限陷阱”。

在谈判过程中，对于某些双方一时难以达成协议的问题，不要操之过急地强求解决，而要善于运用限定期限的谈判策略，规定出谈判的截止日期。在限定期限不可避免地来临之时，迫于限期的无形压力，对手就会放弃最后的努力，甚至迫不得已地改变原先的主张。这种策略又被称为“死线”。

在美国某乡镇有一个由12个农夫组成的陪审团。在一次案件的审理过程中，陪审团中11个人认定某被告有罪，只有1个人表示了不同的看法，认为该被告无罪。由于陪审团的判决只有在其全体成员一致通过的情况下才能成立，于是陪审团中认定被告有罪的这11个人花了将近一天的时间劝说表示不同看法的那个人。此时，忽然天空中乌云密布，眼看一场大雨就要来临。那11个农夫急着要在大雨之前赶回去，收回晒在外面的干草。可是，持不同意见的这位农夫仍然不为所动，坚持己见。那 11 个农夫急得像热锅上的蚂蚁，他们的立场开始动摇了。随着“轰隆”一声雷鸣，那 11 个农夫再也等不下去了，转而一致投票赞成持不同意见农夫的意见：宣判被告无罪。

在谈判中，有些谈判者支出架子准备进行艰难的拉锯战，而且他们也完全抛开了谈判的截止期。此时，你的最佳防守兼进攻策略就是出其不意，发出最后通牒提出时间限制。这一策略的主要内容是，在谈判桌上给对方一个突然袭击，改变态度，使对手在毫无准备且无法预料的形势下不知所措。对方本来认为时间挺宽裕，但突然听到一个要终止谈判的最后期限，而这次谈判成功与否又与自己关系重大，不可能不感到手足无措。由于他们很可能在资料、条件、精力、思想、时间上都没有充分准备，在经济利益和时间限制的双重驱动下，会不得不屈服，在协议上签字。

美国底特律汽车制造公司与德国谈判汽车生意时，就是运用了限定期限而达到了谈判目标。当时，由于双方意见不一致，谈判近一个多月没有结果，同时，别国的订货单又源源不断。这时，美国底特律汽车制造公司总经理下了最后通牒，他说：“如果你还迟迟不下定决心的话，5 天之后就没有这批货了。”眼看所需之物即将抢购殆尽，德方不由自主地焦急起来，立刻就接受了谈判条件，于是，一场持久的谈判才告结束。底特律汽车制造公司使用的就是限定期限，迫使对方最后做了让步。可见，在某些关键时刻，这种方法还是大有裨益的。

在商务谈判中，有时为了某种协议的需要，还采用一种虚假的、人为的限定期限，又称为“最后期限陷阱”。

一位客户要求美国一家保险公司偿付一笔赔偿费。保险公司开始答应得很痛快，并且其清算赔偿人还特意告诉客户，他下个星期一就要去度假了，所以建议客户最好在本周星期五把所有的资料都带到保险公司去，他们稍作检查后，就马上开支票给他，以了结此案。这位客户信以为真，于是加班加点辛苦工作，终于在星期五下午把一切资料都准备妥当。到了保险公司，当清算赔偿人检查完资料之后，很抱歉地对客户说还必须向上级请示一下，等他请示回来以后，却遗憾地对客户说，公司只能赔偿所要求的数额的一半。这位客户顿时感到不知所措，因为他面临一个十分不利的谈判形势：要么他马上同保险公司谈判，匆匆作出决定；要么他必须等待清算赔偿人度假回来再作打算。其实，那位清算赔偿人根本就没安排度假。这只不过是一个限定期限陷阱，用以冷却客户的赔偿要求。保险公司借助于一个虚假的建议和一个虚假的最后期限，赢得了这场谈判的胜利。

当然，要想成功地运用这一策略来迫使对方让步，你还须具备如下条件：

（1）最后通牒应令对方无法拒绝。发出最后通牒，必须是在对方进退两难的情况下，对方想抽身，但为时已晚，因为此时他已为谈判投入了许多金钱、时间和精力。而不能在谈判刚开始，对方有路可走的时候发出。

（2）最后通牒应令对方无还手之力。如果对方能进行有力的反击，就无所谓最后通牒。你必须有理由确信对方会照自己所预期的那样做。

（3）发出最后通牒言辞要委婉。必须尽可能委婉地发出最后通牒。最后通牒本身就具有很强的攻击性，如果谈判者再言辞激烈，极度伤害了对方的感情，对方很可能由于一时冲动铤而走险，一下子退出谈判，这对双方均不利。

但是当对手运用这一招时，我们该如何处理呢？

首先，要知道最后通牒的真伪。也许对方的最后通牒只是一个唬人的东西，那么，就应该针锋相对，做出绝不退让并退出谈判的表示。但同时，又要让对方有台阶可下，告知对方，如果他们对谈判有新的设想的话，可继续谈判。

其次，如果对方的最后通牒是严肃的，那么就应该认真权衡一下，看看作出让步达成交易与拒绝让步、失去交易这两者之间，究竟谁轻谁重，再作决策。

最后，如果不得不接受对方的最后通牒，向对方作出让步，那么可以考虑改变其他交易条件，力争在其他交易条款上捞回自己失去的好处，既令对方有利可图，己方又毫无损失。

摸清类型，对症下药

对于各种不同的谈判对象，可以视其性格的不同而加以调整，采取不同的策略。

有人戏称谈判是一场顽强的性格之战。因为我们要接触的谈判中的对手可能千差万别，无论经验如何丰富，也很难做到万无一失。因此，对于各种不同的谈判对象，可以视其性格的不同而加以调整，采取不同的策略。

1. 强硬的对手

强硬型的谈判对手情绪表现得十分激烈，态度强硬，在谈判中趾高气扬，不习惯也没耐心听对方的解释，总是按着自己的思路，认为自己的条件已经够好的了。尽管这种一厢情愿式的主观认识十分愚蠢可笑，但是他们仍然乐此不疲。

如果你遇到这样的谈判对手，你最好做好各种心理准备，准备应付各种尴尬场面，并在耐心的基础上理直气壮地提出你的理由。

强硬派总是咄咄逼人，不肯示弱。有的也许会什么也不说，有的干脆一口回绝，绝无回旋的余地。强硬派之所以如此“硬”，当然有一点原因不可否认，那就是他们拥有自身的优势，也有性格使然。自身拥有优势者总是待价而沽，囤积居奇；他们不愁他们的东西卖不出去。资本主义国家经济发达，产品性能优良，当他们面对经济不发达的国家时，这一点表现得尤为明显。

在谈判之中，表现强硬的一方很多时候是受了其上司的指示而故意这么做的。所以遇到这种情况，你可以直接去找对方的上司诉苦或申诉，要求他答应你的条件，解决你遇到的问题。

对你来说，损失的不过是一些时间而已，而为了自己的正当权益不受损害，这些时间的损失也值得。

当然，你去找对方的上司时最好不要满脸怒气，高声吼叫，要明白你到这里来的目的是求得和解。所以，你最好心平气和，把事件发生过程向对方仔细陈述，表明你受的损害有多么大，希望得到哪些补偿，等等。

找对方的上司不失为一个好办法，这样既可避免上法庭，又可借着上司的行政压力而解决问题。所以，这也是取胜的保证。

2. 坦率的对手

这种人的性格使得他们能直接向对方表示出真挚、热烈的情绪。他们十分自信地步入谈判大厅，不断地发表见解。他们总是兴致勃勃地开始谈判，乐于以这种态度取得经济利益。在磋商阶段，他们能迅速把谈判引向实质阶段。他们十分赞赏那些精于讨价还价，为取得经济利益而施展手法的人。他们自己就很精于使用策略去谋得利益。同时，希望别人也具有这种才能。他们对“一揽子”交易怀有十足的兴趣。作为卖者，他希望买者按照他的要求作“一揽子”说明。所谓“一揽子”意指不仅包括产品本身，而且要介绍销售该产品的一系列办法。

他们会把准备工作做得完美无缺，他们直截了当地表明他们希望做成的交易、准确地确定交易的形式、详细规定谈判中的议题，然后准备一份涉及所有议题的报价表。陈述和报价都非常明确和坚定。死板的人不太热衷于采取让步的方式。讨价还价的余地大大缩小。与之打交道的最好办法，应该在其报价之前即进行摸底，阐明自己的立场。应尽量提出对方没想到的细节。

3. 攻击性强的对手

遇到攻击型的谈判对手，最好避其锋芒，击其要害。攻击型其实是有别于强硬型的一种。强硬型的谈判对手有时仅仅采取防御姿态坚持自己的原则立场，而攻击型却是有目的、有针对性地向你进攻，迫使你屈服，不给你反抗的余地。

攻击型的对手往往能寻找到一些理由加以攻击，并不是无中生有，因此，面对攻击型的对手如何应付就成了个难题。

攻击型的对手表面上看并不都是那么吓人，击败他的关键之处是要找到要害，也就是其理由不足之处。掌握了这一点，你也可以套用对付强硬派的手法来对付他，只要对方的气焰一灭，你再采用有理有节的方法与之对垒，用让他害怕的方式来威胁他，使他明白事情的轻重，不敢再闹。

对付这类人，当事人必须注意的一点就是：切莫惊慌，惊慌往往自乱阵脚；也不要过于愤怒，过于愤怒会没有分寸。自乱阵脚而失去分寸，那必受害无疑。

4. 搭档型的对手

搭档型的谈判对手或隐或显，虚实相间，最令人防不胜防。

搭档型的表现是：当谈判开始时，对方只派一些低层人员作为主谈手。等到谈判进入到快要达成协议时，真正的主谈手突然插进来，表示刚才的己方人员无权做主决定，或是刚才的价格过低，或者是时间不能保证。当你表示失望或觉得一切都完了的时候，对方会说：“如果你确实急需，我也可以卖给你，但至少在价格上要做些调整……”你此时往往无可奈何。因为谈判进行到这个时候，你已完全摊开了底牌，对方已掌握了你谈判的一切秘密，如果你想达成协议，除了作出让步外别无他法。

当然，谈判必须是在有准备的情况下进行。谈判之初，你必须了解对手是否有权在协议书上签字，如果他表示决定权在他的上司那里，那你应坚决拒绝谈判。但是，也有另外的办法来应付这种情况。那就是，既然对手派的是下层人员与你谈判，你也不妨让下属人员去谈判或由别人代替你去谈判，待草签协议之后，你再直接与对方掌权之人谈判，这样，你将获得较大的转换空间，不至于到关键时刻被别人牵着鼻子走。

5. 犹豫的对手

在这种人看来信誉第一重要，他们特别重视开端，往往会在交际上花很长时间，其间也穿插一些摸底。经过长时间、广泛的、友好的会谈，增进了彼此的敬意，也许会出现双方共同接受的成交可能。与这种人做生意，首先要防止对方拖延时间和打断谈判，还必须把重点放在制造谈判气氛和摸底阶段的工作上。一旦获得了对方的信任就可以大大缩短报价和磋商阶段，尽快达成协议。

以上所举 5 种人经常能遇到，总结经验，以下 6 种策略可以尝试：

（1）坚持一切按规矩办事。凶悍派、高姿态派、两极派都会强迫你接受他们的条件，你应拒绝受压迫，而且坚持公平的待遇。

（2）当对方采取极端立场威胁你时，可以请他解释为什么会产生这样极端的要求，可以说："为了让我更了解如何接受你的要求，我需要更多了解你为什么会这样想。"

（3）沉默是金。这是最有力的策略之一，尤其是对付两极派，不妨可这样说："我想现在不适合谈判，我们都需要冷静一下。"

（4）改变话题。在对方提出极端要求时，最好假装没听到或听不懂他的要求，然后将话锋转往别处。

（5）不要过分防御，否则就等于落入对方要你认错的圈套。在尽量听完批评的情况下，再将话题转到"那我们针对你的批评如何改进呢？"

（6）避免站在自己的立场上辩解，应多提问题。只有提问题才能避免对方进一步的攻击。尽量问“什么”，而避免问“为什么”。问“什么”时，答案多半是事实，问“为什么”时，答案多半是意见，就容易有情绪。

倾听不只是为了礼貌

倾听是了解对方需要，发现事实真相的最简捷的途径。

注意倾听是给人留下良好印象，改善双方关系的有效方式之一。因为专注地倾听别人讲话，则表示倾听者对讲话人的看法很重视，能使对方对你产生信赖和好感，使讲话者形成愉快、宽容的心理，变得不那么固执己见，更有利于达成一个双方都妥协的协议。

然而，倾听的作用不仅于此。

倾听是了解对方需要，发现事实真相的最简捷的途径。

谈判是双方沟通和交流的活动，掌握信息是十分重要的。一方不仅要了解对方的目的、意图、打算，还要掌握不断出现的新情况、新问题。因此，谈判的双方应十分注意收集整理对方的情况，力争了解和掌握更多的信息，但是没有什么方式能比倾听更直接、更简便地了解对方的信息了。

倾听使你更真实地了解对方的立场、观点、态度，了解对方的沟通方式、内部关系，甚至是小组内成员的意见分歧，从而使你掌握谈判的主动权。例如，一家日本公司同美国公司的谈判，就是运用倾听的方法获得了谈判的成功。

日本一家公司向美国某公司购买技术设备，方案确定后，他们先派了一个谈判小组到美国去。谈判小组成员只是提问题，边听边做记录，然后还是提问题。美国人对此项交易很有信心，也做了认真的准备，用三台放映机展示各种图片，整个谈判一直是美国人滔滔不绝地介绍。日本人在第一个谈判小组回国后，又派出了第二个谈判小组，又是提问题，做记录，美国代表照讲不误。然后日本人又派了第三个谈判小组，还是故技重演，美国人已讲得不耐烦了，但也搞不清日本人要什么花招。等到美国人几乎对达成协议不抱什么希望时，日本人又派出了前几个小组联合组成的代表团来同美国人谈判，弄得美国人不知所措。因为他们完全不了解日本人的企图、打算，而他们自己的底细则全盘交给了日本人。当然，结果是日本人大获全胜，以最不利的交易条件争取到了最大的利益。可见，会利用倾听也是一种非常有用的谈判战术。

这个案例说明，在谈判中采用多听少说的策略，对于洞悉对手实力，有的放矢地制定扬己之长、攻敌之短的决策具有重大的作用。如维克多·金姆在《大胆下注》书中所说："你应该少说为妙。我确信如果你说得越少，而对方说得越多，那么你在谈判中就越容易成功。"

这样，对方由于暴露过多，回旋余地就小。而你很少曝光，可塑性很大。两者的处境，犹如一个站在灯光下，一个躲在暗处。他看你一团模糊，你看他一清二楚。这样你就掌握了谈判的主动权。

不可否认，讲话者也有可能借机向你传递错误信息或不向你传递你想要的信息，因此听也要讲究一定的技巧。

在谈判桌上，提高倾听的技巧，有下面几种方法可供参考：

（1）争取让对方主动开口说话，在对方摸不清你的意图的前提下，弄清对方的谈判要求和目的。

（2）谨记简单原则。简要说明讨论要点，尽量把自己的讲话缩减到最低程度，因为你在讲话时，便不能聆听对方的发言。可惜许多人都忽略了这点。

（3）试着了解你的对手，试着由他的观点出发看问题。这是提高聆听技巧的重要方法之一。

（4）始终注意听。在任何时候都保持注意力可不是件容易的事，特别是当谈判会议拖得很长时。但是，如果你总是走神，那么有很多重要的问题就可能被漏听了。

（5）试将你的注意力集中在对方发言的“主旋律”上，而不让个别的字句难住或分散注意力。

（6）记笔记是帮助你集中注意力的手段之一。人的记忆能力有限，为了弥补这个不足，应该在听讲时做笔记。一方面，有了笔记，不仅可以帮助记忆，而且有助于在对方发言完毕之后，就某些问题向对方提出质询；同时，自己也有时间作充分的分析，理解对方讲话的确切含义与精神。另一方面，倾听时记笔记，或者停笔抬头来看看讲话的对方，会对讲话者产生一种鼓励作用。

（7）表现出有兴趣的态度。让对手相信你在注意聆听的最好方式，是适当地发问，要求他解释其正在阐述的一些论点。

（8）观察对方。他如果表现出紧张和不安，这很可能是他对他所说的没有什么把握的信号。

（9）有鉴别地倾听。为了达到良好的倾听效果，在专心致志的基础上，还应有鉴别地听。通常情况下，人们说话时边说边想，想到哪说到哪，有时表示一个意思要绕着弯子讲许多内容。从表面上听，根本谈不上重点突出。因此，听话者需要在用心听的基础上，鉴别传递过来的语言信息，去伪存真，去粗取精。这样，才能够知道对方的意思，找出其漏洞进行说服。

另外“听”有一个重要原则就是切勿按照自己的主观框框来听。按照自己的主观框框来听即先入为主地倾听，这样做往往会扭曲说话者的本意，忽视或拒绝与自己心愿不符的意见，这种做法实为不利。因为这样听话者不是从谈话者的立场出发来分析对方的讲话，而是按照自己的主观框框来听取对方的谈话。其结果往往是听到的信息变形地反映到自己的脑中，导致所接收的信息不准确，从而判断失误，造成行为选择上的失误。所以必须克服先入为主的倾听做法，将讲话者的意思听全、听透。

（10）善于听对方的讲话，可以使你拥有对方的一些谈判资料，进而找到突破口，有理有据地进行说服。

（11）少说多听，是一种要紧的谈判策略。工于心计的谈判高手，往往用不到两分钟的时间介绍自己，而留下20分钟让对方发言。

（12）谈判中最要紧的是注意相互间的反应。然而，要做到这一点却又不如想象中那么容易。因为人类具有一种“关闭”听觉的本能——尤其是假若他们听到不愿听到的话。

对于谈判人员来说，注意听别人讲，哪怕是听到不爱听的话也得注意听，这并不仅仅是个社交修养问题，而是必须。因为当你讨价还价时，你所听到的话里，很少有只是为了应酬的空谈。

在谈判中，不仅要能听出对方在说些什么，还要能知道对方遗漏掉了什么。这样，对谈判会大有裨益。

放手让对方讲，你只是耐心地倾听，你就会有机会捕捉到许多有用的信息，甚至发现对方立场中的前后矛盾之处。这还可以使你找到对方是否确有真情实意的线索，分清对方言辞中的真假虚实。

“等”出个结果来

耐心就是力量，耐心就是实力。如果你不具备其他方面的优势，那么，一定要有耐心。

时间的流逝往往能够使局面发生变化，这一点总是使人感到惊异。正因为如此，谈判者常常在等待，等待别人冷静下来，等待问题自身得到解决，等待不理想的生意自然淘汰，等待灵感的来临……一个充满活力的经理总是习惯于果断地采取行动，但是很多时候，等待却是一种最富建设性的措施。有时成功就来自关键时刻的耐心，而缺乏耐心可能导致失败。

商务谈判是双方从利益冲突到利益均衡的较量过程，一般都要经过一个比较长的磨合时间，少则几天、几个月，多则几年，甚至十几年。时间的长短取决于利益冲突的程度和双方的诚意。是谈判就有较量，没有较量也就没有谈判，所以谈判不可能是一帆风顺的。在双方较量中，唇枪舌剑，针锋相对，一味强硬地坚持，常常使谈判陷入僵局，似乎到了山穷水尽的地步。

此时，耐心就是力量，耐心就是实力。如果你不具备其他方面的优势，那么，一定要有耐心。这样，你也有了防卫的筹码，在必要时，打乱对方的部署，争取胜利。

在实际谈判中，无数事例证明，如果你感到你的优势都不明显，或局势对你不利的话，千万别忘记了运用耐心。

不过耐心并非一味地等待，耐心是沉着中带有思考，这是一种柔中带刚的力量。

谈判，无论是外交谈判、商业谈判、协作谈判，并非人们想象中日常对话那样，你问我答，快言快语，口若悬河，而是千方百计争取时间充分思考，以妥善方式有节奏地回答谈判对手问题，以免出言不慎而致一失足成千古恨。

耐心是一种以静制动的策略，它并不是无谓地压抑自己。

在有些谈判中，一些谈判者为了显示自己的实力和气势，在谈判一开始就表现得来势凶猛，气焰嚣张，企图从一开始就使对方处于被动地位，迫使对方接受其高要求。而且，有些谈判者确实智力过人，语言表达流利而精彩。

此时，如果以硬碰硬，由于对方来势凶猛，气势正旺，则很难把其嚣张气焰打下去。那么这就有必要运用“你凶我静，静观其变”的策略，使其“一鼓作气，再而衰，三而竭”，以平等的地位重新与你进行谈判。

我国某外贸公司与美国某工业集团进行一项贸易合作谈判。美方财大气粗，执意要求将谈判地点定在美国。我方代表看出其中必有文章，便同意了美方的要求，看其究竟要怎样。

果然，谈判一开始，美方谈判人员就没把中方放在眼里，作为卖方主动报盘，陈述情况，其气势汹汹，滔滔不绝。从上午8点到11点，美方代表喊叫了3个小时，并配合有力的图表数据，精心配置计算机显影在大屏幕上打出深奥难懂的图像，以证明他们的要价是完全合理的。

当报盘结束后，美方谈判人员带着满意的笑容，满怀自信地转向我方代表，问了声：“就介绍到这儿吧，你们认为怎么样？”而此时，我方代表一直一声未吭，只是静静地坐在椅子上，从谈判开始到此时，几位中方代表只说了几句话，那就是：

“对不起，我们对你方的介绍不太明白。”

“我们希望你们能再一次详细地介绍一遍。”

连续3个小时的长篇大论，有谁愿意继续讲下去，而且好像没人听，美方终于“再而衰”了。眼看时针指向12点了，美方代表有气无力地说：“好了，我是不会再讲一遍了，下午我们重新开始谈吧。”

下午的情况你可能猜想得到，中方代表突施奇袭，美方只好节节败退了。

从这一例可以看出，在对方表现出较强优势时，不要惧怕，也无须以硬碰硬，不妨让他充分表演，而你完全可以靠平静消耗他的体力，待其气势已尽，你就可以从容不迫地发起反攻了。

以静制动这一策略稍稍变通，演化成“静施缓兵计”，也是十分有效的。静施缓兵计是指为了使对方进退两难而静止不动，对对方的观点既不赞成也不反对，使其处于左右为难之际，而我方则静观其变，以静制动，以缓制动。这种策略的具体做法是：在对方要价很高但态度又坚决的情况下，请其等待我方的答案，或者以各种借口来拖延会谈时间。但是“缓兵”不是“搁浅”，表面是“静”，实则在“动”，目的是创造主动进攻的机会。这样拖延一段时间后，对方可能已信心大减，而我们则在这一期间准备了充足的谈判材料，足以和对方讨价还价。

谈不拢，就走人

在商务谈判中，暂时的退却是为了将来的进攻，即退却一步，进攻两步。

商务谈判过程大都紧张而激烈，需要谈判者付出大量的精力，谈判者因而也极易产生情绪，使双方争执不下，互不相让，致使谈判出现僵局。在这种情况下，适时地暂停谈判，采取“谈不拢，就走人”的谈判策略，可以使双方冷静地考虑自己的处境和对方的情势。实践证明，“谈不拢，就走人”的谈判策略，确实能为运用者带来利益。

中方与日方就在中国建化肥厂的有关事项进行谈判。为了谈判成功，日方某商社的一位部长与某厂厂长一同前来上海参加谈判。谈判前，日本某厂已经获得了我方政府部门批准的进口用汇额度情报，这对我方来说极为不利。谈判一开始，日方报价为 350 万美元，经我方代表的努力，反复地讨价还价，价格逐渐降至 293 万美元。这个价格基本上符合引进厂的要求，应该说是可以成交的。但我方代表估量了目前的情况，凭他的经验，认为价格仍存在进一步下调的可能。于是，中方代表对日方代表说：“贵方在设备的报价上做出了不少努力，我们深表感谢。可问题是经过我方核算比较，还是觉得有些高，希望贵方进一步考虑，明天上午报一个更优惠的价格。”

第二天上午9时，双方在日本某商社的上海事务所继续谈判。某商社的部长发言说：“经过反复核算，价格实在是不能再降了，再降就亏本了。我们总不能做亏本买卖吧？”中方代表听后郑重地说：“如果情况确实是这样，我们的谈判只能到此为止了。不能成交我们很遗憾。不过，贵方为了这个项目曾多次来上海，我们深表感谢。”他一边说一边离开座位，中方的其他谈判人员也纷纷离开谈判室。

在晚上的宴会桌旁，中方代表很随意地问某商社的部长：“上午我们离开后，你们对这个项目有什么新的想法吗？”这位部长急急地说：“不瞒你说，上午你们一走，我们就进行了紧急商量。某厂表示再降价就亏本了，可不降价你们又不答应，为了促成这笔交易，我们商社愿意从佣金中拿出5万美元，不知贵方能否接受？”中方代表听后一阵高兴，可表面不露声色地说：“今晚我们好好喝一杯吧！业务上的事嘛，既然贵方愿意做出让步，那就明天再谈。”本来某厂厂长已经买好了回日本的机票，可为了第二天的谈判，决定延期一天返回。结果，在第二天的谈判中，日方决定再让价10万美元，最后以283万美元成交。适时撤身而退实质上是一种以退为进的策略。

“以退为进”是军事上的用语，暂时退让输赢未定；伺机而进，争取成功。谈判也如打仗一样，亦是互相交锋，争斗激烈。有时要继续谈下去，有时则要暂时休会；有时要据理力争、讨价还价，有时需要暂时退让，伺机而动。商务谈判如何兵战，只不过是以唇为“枪”，以舌为“剑”，如何在谈判桌上充分发挥你的口才，全凭谈判人员的经验和智慧了。

曾有一家大型航空公司要在某地建立一分支机构，找到当地某一电力公司要求以低价优惠供应电力，但对方态度很坚决，自恃是当地唯一一家电力公司，态度很强硬，谈判陷入了僵局。这家航空公司的主谈私下了解到了电力公司对这次谈判非常重视，一旦双方签订了合同，便会使这家电力公司经济效益起死回生，逃脱破产的厄运，这说明这次谈判的成败，对他们来说关系重大。这家航空公司主谈便充分利用了这一信息，在谈判桌上也表现出决不让步的姿态，声称：“既然贵方无意与我方达成一致，我看这次谈判是没有多大希望了。与其花那么多钱，倒不如自己建个电厂划得来。过后，我会把这个想法报告给董事会的。”说完，便离席不谈了。电力公司谈判人员叫苦不迭，立刻改变了态度，主动表示愿意给予最优惠价格。至此，双方达成了协议。

这场谈判在开始阶段，主动权掌握在电力公司一方，因为航空公司有求于电力公司。当自己的谈判要求被拒绝后，航空公司便耍了一个花招，给电力公司施加压力，因为若失去给这家大航空公司供应电力，就意味着电力公司损失一大笔钱，所以电力公司急忙改变原来的态度，表示愿意以优惠的价格供电。这时，谈判的主动权又转移到航空公司一方了，从而迫使电力公司再降低供电价格。这样，航空公司先退却一步，然后前进了两步，生意反而谈成了。

通过以上几个案例我们可以看出，当谈判出现各执己见、互不相让，甚至是横眉冷对的局面时，为避免同对方直接冲突，“走”确实是上乘之策。在运用这种策略时应特别注意：在合作性的、双方比较坦诚的情况下不宜采用；“走”只是实现谈判目的的手段。因此，在运用这一策略前要调查清楚对方的实力以及这次谈判的成败对对方造成的影响程度，以促使谈判的进一步深入进行。

在商务谈判中，暂时的退却是为了将来的进攻，即退却一步，进攻两步。有时候，如果进攻遇到困难的话，还不如口头的“佯退”，当然在语言运用上要讲究技法，既要坚决、果断，不留余地，使对方看不出破绽，又要给对方再次谈判带来希望，不能让对方认为谈判彻底“黄”了，然后另觅他途。

谋求至善境界：皆大欢喜

谈判的最高境界就是让谈判双方走向双赢，谈判就像分“蛋糕”，自己分得一定利益，同时要让对方知道他也能分得“一块”，这样“蛋糕”才能越做越大，谈判方向上自己才能一直占据主导地位。

什么是成功的谈判？有人认为：以在谈判中自己获得利益的多少作为评判标准，获得利益越多则标志谈判越成功；有的则认为：在谈判中本方气势越高，对方气势越低则谈判越成功……其实，这些看法与做法都是比较片面的，有时甚至是有害的。

如果只把目光盯在获利的多少上，自然就会在谈判方式方法上做得较为苛刻，一定会招致对手的反感。如果对手刚好是比较看中长远利益的情况下，那么这种人所获得的引以为自豪的那部分利益远远小于他本来可以获得的利益。他之所以认为自己获得的最多，是因为他没有看到今后与长远，而只是看到眼前。这种认为获利越多就越成功的做法是目光短浅的表现。

谈判的最高境界就是让谈判双方走向双赢，谈判就像分“蛋糕”，自己分得一定利益，同时要让对方知道他也能分得“一块”，这样“蛋糕”才能越做越大，谈判方向上自己才能一直占据主导地位。在这其中，还有一个说话技巧：多用“所以”，少用“但是”。

从一定程度上讲，这个时候由“所以”引领的疑问句并不仅仅是对对方意见的总结，更是对他说出的话的延续，是对两人共同点的集合。这样的说话方式使讲话的内容充分展开，给对方留下这样的印象：我们在讨论同一个问题，至少有诸多共同语言和继续发展的可能性。

当双方在发言中多少有点矛盾时，也应这样对对方说：“咱们只是表达方式和所处的地位不同，其实说的都是一回事，所以，谈话其实还是可以继续下去的，您觉得呢？”把话引到双方共同的目标上来，才能寻找到谈判成功的最佳途径。

相反，彼此耿耿于怀，各朝各的方向发表议论，双方在心情上都会有一种蒙受了损失的感觉，于是相互抱怨自己损失的那一部分让对方赚去了。这种状态下的谈话怎么会取得双赢呢？

美国谈判学会会长、著名律师杰勒德·I.尼尔伦伯格认为，谈判不是一场棋赛，不要求决出胜负，也不是一场战争，要将对方消灭或置于死地。恰恰相反，谈判是一项互利的合作事业。它的目的是双方的共赢。

在现代谈判中，传统的分配模式不但无助于协议的达成，反而可能有害。往往是对争论的东西，或者是我得到，或者是你得到。一方多占一些，就意味着另一方要损失一些。而新的谈判观点则认为，在谈判中每一方都有各自的利益，但每一方利益的焦点并不是完全对立的。一项产品出口贸易的谈判，卖方关心的可能是货款的一次性结算，而买方关心的是产品质量是否一流。因此，谈判的一个重要原则，就是协调双方的利益，提出互利性的选择。

在一定情况下，谈判能否达成协议取决于提出的互利性选择方案。为了更好地协调双方的利益，不要过于仓促地确定选择方案，在双方充分协商、讨论的基础上，进一步明确双方各自的利益，找出共同利益、不同利益，从而确定哪些利益是可以调和的。

当然，考虑对方的利益，并不意味着迁就对方、迎合对方。恰恰相反，如果你不考虑对方的利益，不表明自己对他们的理解和关心，你就无法使对方认真听取你的意见，讨论你的建议和选择，自然，你的利益也无法实现。

实现“皆大欢喜”的谈判是有原则和标准的。

斯科特对“公平”标准的看法是：要么谈判各方都得到了平等的满足，

要么就是各方都感觉不满足。而不是一方满足而另一方不满足的不平等结局。在不平等的结局下产生的协议是很难获得完全实施的。

但是，在谈判实践中，谈判者对任何一项谈判结果究竟是否满足很难界定。也就是说，对满足与不满足很难确定出一种绝对的标准。在这种情况下，斯科特提出了实现“皆大欢喜”的几条谈判原则：

（1）在基本的态度和认识上，谈判者应当明确，在谈判中要努力设法为自己一方谋得利益，但并不一定意味着要去损害对方或他人的利益。

（2）要积极地影响对方对事物评价的方法，要在不损害本方利益的前提下，去引导对方获得满足感。由于谈判者对事物评价的方法直接地影响甚至决定着他对事物需求的满足感，所以谈判高手通常不会以牺牲本方利益去使对方获得满足（实际上，以牺牲本方利益的方式去与对手谈判，不但不会使对手感到满足，往往还会刺激对方更多更大的需求。历史上许多不平等协议的签署过程无不证实了这个问题），积极地影响对方看待事物的角度、观点。

谈判就意味着各取所需，而不是互相损害。不是去追求那种绝对的公平，将“蛋糕”和上面那层“奶油糖霜”都切为两半，无论你是否喜欢都要优劣搭配地分割。将“蛋糕”的一大半或绝大部分划给那位喜欢“蛋糕”而不是喜欢“奶油糖霜”者，同样地，将“奶油糖霜”的一大半或绝大部分划给喜欢“奶油糖霜”而不是喜欢“蛋糕”者。各得其所，都能感到自己获得了所需利益的大部分。

（3）谈判者要有一个关于“本方利益”的准确概念。究竟什么是本方的利益，谈判者应当认识清楚、准确，如有可能，要有数字分析根据。

（4）谈判者要通过摸底，经常分析对方利益之所在，以及在哪些方面、在什么条件下本方可以给对方以满足。

（5）为了平等地与对方谈判并最大限度地谋得本方的利益，谈判者不必十分努力地去制造诚挚与合作的谈判气氛，也不必特别注重强调双方的一致性，只要在谈判时能有一个愉快、轻松和认真的工作气氛就行了，谈判者只要有可能，也可要求在谈判程序上做一些对本方有利的安排。

（6）选择那种有助于更多地了解对方需要和让步方式的议题先行讨论，对本方较为有利。谈判者可以通过对该议题的讨论，更好地准备本方的让步方案，更好地知道让步多少和何时让步对自己最为合算。

成功的谈判要求谈判者既能坚持自己的利益，又不固执己见。最好的方案是开阔视野，为共同利益提出多种选择。

要做到这一点，应分两步走：

第一步，寻找共同利益。

从理论上讲，共同利益有助于谈判双方达成协议，也就是说，提出一个能满足双方共同利益的主意，对双方都是有利的。作为一个谈判者，几乎总是要寻找一些可以令对方同样感到满意的解决办法，因为几乎在所有的情况下，你对谈判结局的满意程度都取决于对方对协议所期望的满意程度。

关于谋求共同利益，要牢记以下几点：

（1）每一场谈判都潜伏着各方的共同利益，它们可能不是十分明显的。谈判者应努力去寻求，寻求合作与互利的机会。

（2）共同利益是机会而不是天赐。谈判人员要善于创造机会、利用机会、抓住时机将共同利益明确地表述出来，系统地阐述清楚。

（3）在互相交流的过程中，要尽量强调共同利益给双方带来的好处，尽量避免发生对谈判进展无益的争执，这样会使谈判在和谐的气氛中顺利进行。

第二步，为谈判所涉及问题的解决提出多种选择。

要想使商务谈判获得成功，谈判双方应共同努力营造广阔的谈判空间，这一空间应由双方在未来的谈判中能提出的并能从中共同选择的大量建议构成。

多种选择的提出，可以通过以下途径：

（1）从不同的角度看待谈判所涉及的问题，比如我们在进行一项贸易谈判时，就可以从银行家、发明家、房地产商人、证券经纪人、经济学家、税务专家或政府工作人员的角度分析所涉及的问题。思考他们将如何判断形势，将会提出哪些办法和切实可行的建议，从而为你对所涉及的问题作出多种选择提供帮助。

（2）设法提出不同效力的协议。在谈判过程中，当无法取得所期望的协议时，千万不要轻言放弃，在不损及所预期的经济利益的前提下，不妨退而求其次，用准备好的“弱化”词提出大量可能的协议。

商务谈判中，谈判双方进行沟通的终极目的就是实现合作，以获取各自所预期的经济利益。